古代歷史文化 研究輯刊

六 編

王 明 蓀 主編

第13冊

明代徐貞明與西北水利研究

王 國 基 著

國家圖書館出版品預行編目資料

明代徐貞明與西北水利研究／王國基 著 — 初版 — 新北市：
花木蘭文化出版社，2011〔民 100〕
序 2+ 目 2+148 面；19×26 公分
（古代歷史文化研究輯刊 六編：第 13 冊）
ISBN：978-986-254-607-9（精裝）
1.（明）徐貞明　2. 傳記　3. 水利工程　4. 明代
618　　　　　　　　　　　　　　　　　100015461

ISBN-978-986-254-607-9

9 789862 546079

古代歷史文化研究輯刊
六　編　第十三冊　　　　　　　ISBN：978-986-254-607-9

明代徐貞明與西北水利研究

作　　者　王國基
主　　編　王明蓀
總 編 輯　杜潔祥
出　　版　花木蘭文化出版社
發 行 所　花木蘭文化出版社
發 行 人　高小娟
聯絡地址　新北市永和區中正路五九五號七樓
　　　　　電話：02-2923-1455／傳眞：02-2923-1452
網　　址　http://www.huamulan.tw 信箱 sut81518@gmail.com
印　　刷　普羅文化出版廣告事業
初　　版　2011 年 9 月
定　　價　六編 25 冊（精裝）新台幣 40,000 元　　　版權所有·請勿翻印

明代徐貞明與西北水利研究

王國基　著

作者簡介

王國基
雲林人
不拘泥小節卻又吹毛求疵、愛好自由但贊成有限民主
畢業於斗六高中、中國文化大學史學系、彰化師範大學歷史學研究所
曾修習公民、地理與教育等課程，鍾愛歷史，尤其是魏晉南北朝史與明清史
興趣：閱讀、看電影、命理研究等
座右銘：凡事豫則立，不豫則廢

提　要

　　透過史料的整理，編織徐貞明父子為官生涯的一生，了解貞明受其父影響頗深。對於貞明上疏〈亟修水利以預儲蓄酌議軍班以停勾補疏〉一疏中的「議班軍以停勾補」問題，先對明代衛所軍戶制度的淵源廓清，再透過分析明代諸多大臣的奏疏，討論貞明欲仿匠班的方式以改善勾軍是否可行。

　　明代中晚期以後，解決北方糧食的方法，大多依賴漕運，但漕運政策，造成東南百姓苦不堪言與西北田地逐漸荒蕪等問題，因此貞明提出發展西北水利的方法，一方面開河渠發展農田水利以就近解決糧食問題，又可舒緩東南民力；一方面在河源引水灌溉可減緩河川中下游河川水勢，又可改善北方鹽鹵土質的功用；一方面又可遏止北方鐵騎南下，對於外患來自於北方的蒙古，以至於後來崛起於東北的滿族來講，發展西北水利，溝渠可抑制敵騎的馳騁。只是國家狃於常習既久，因循且過，加上當時地理環境，山西、河北等地，森林砍伐殆盡，已有沙塵暴問題出現，而這也正是貞明在開發西北水利之際，忽略水土保護的問題。

　　任何理論的提出，需要時間的驗證，徐貞明的《潞水客談》是明代倡言開發西北水利的理論著作。在萬曆十三年（1585）九月至翌年三月，為期約短短八個月的時間內，貞明共開墾了三萬九千餘畝的農田，後雖因政爭的結果，萬曆皇帝以「擾民」為由，罷除貞明墾田使憲職，人去政息，但卻引起了多位文人及官員的迴響與踵繼。

目

次

序　言

　　憶起大學求學，可說是敝人受「啓蒙」教育階段，如此稱之，乃因系上老師說過：「大學之所以爲『大』，在於大學不再像中、小學以教科書爲主的教育或受限於本科系的範圍，而是要能廣、能博。你是向下沉淪呢？還是往上提升？修業儲能的大門隨時爲你而開，做到『君子不器』的境界。」余如醍醐灌頂，澈底清醒，「駑」力實踐「聽君一席話，勝讀十年書」，希冀別淪落於小慧之輩，收斂以前輕狂的無知，渾噩的過日，因此對余而言，無疑是當頭棒喝之「啓蒙」教育。

　　消逝的歲月，四載春秋轉眼即過，所面臨的是服兵役後的面對現實社會，抑或逃避就業競爭。幾經猶豫，歷史的呈現，驗證了余逃避社會現實的競爭，選擇了繼續升學這條路。經師長教育與史書的潤澤中，幸賴上天眷顧，有幸考上研究所。

　　研究所修業期間，得惠於學校開設的課程，除却本科歷史外，另修習了日文、地理資訊系統（GIS）、地理、公民及教育學程等學分，開拓了視野與智識，對於後來論文的撰寫，有相當程度上的幫助。擇題與資料的找尋，是論文的關卡，逐漸突破之刻，家慈急電告知，祖母經醫院急救無效，從高雄長庚醫院準備回家。突聞惡耗，傷心不已，留著淚水，迅速從彰化騎車回桑梓斗六見祖母最後一面。祖母於民國九十六年十月十六日星期二下午八時四十分壽終內寢，享壽八十有七。先祖母走得很安祥，在十四位孫子中，國基又何其有幸，先祖母在世時，陪伴余成長最久，受其影響最深，如今論文能如期完成，這都要感謝先祖母在天之靈庇祐與雙親辛勤的栽培、兄長的支持，否則論文的完成絕無可能，在此向先祖母、雙親與兄長獻上最高的敬意與感謝。

　　另外，感謝指導教授蔡泰彬先生的指導、所長陳文豪先生的協助與何猷賓、顧雅文兩位老師教授 GIS 地圖繪製；口試老師吳智和、鄭俊彬兩位老師提供寶貴意見；學長林志亮、蔡志豪，同學謝榮芳與淡江大學法文所陳創斌，學弟張育榕在研究期間，幫忙找尋資料與勉勵，方得完成本拙著。

　　不意兩年後，指導教授蔡老師來電通知，有意推薦《明代徐貞明與西北水利研究》拙著出版，得花木蘭出版社負責人高小娟小姐青睞，讓本拙著出版，對此向指導教授與花木蘭出版社全體人員致謝。雖經幾番校稿與著者才疏，錯誤在所難免，望諸位專家學者，不吝雅正。

後學　王國基　謹誌

2010.01.27

第一章　緒　論

一、研究動機與目的

「國以民為本，民以食為天，故日積貯者，天下之大命也」。〔註1〕自古以來糧食問題就伴隨著人類歷史腳步的前進。從唐代以來，經濟重心逐漸南移同時，北方蒙古游牧民族入主中原，定都北京。然而定都北方的元代，從元世祖開始，每年就必須從南方運糧到北方，方足以維持整個國家的政治運作。到了明代，明成祖遷都北京，等於是將政治中心從南方的經濟重心遷往北方，南糧北運的數量也不斷增加，從元代的三百萬石，到明成化八年（西元1472）的四百萬石。〔註2〕到了萬曆初年，據統計除了四百萬石歲額外，還有支運米約六十四萬石，以及預備米約十九萬石，這些米糧總共約四百八十三萬石，是供給朝廷儲庫、中央政府文武百官、在京營衛所軍官、宗藩祿糧等支用。嘉靖以後，尤以萬曆年間（1573～1620），漕運已走向破壞。〔註3〕而為防患北方游牧民族的南下，在九邊邊防制度逐漸完成後，糧食問題更迫切需要，明代各省起運稅糧除輸往京師外，更大部分是輸往九邊供給邊軍。明代中晚期之後，由於糧價猛漲，九邊兵員一遇荒年多有餓死者，還曾因為

〔註1〕清・谷應泰，《明史紀事本末》（北京：中華書局，1977年2月第1版第1刷），卷78，頁1365。

〔註2〕明代漕糧的數量，洪武朝約數十萬石，永樂朝逐漸上升至二、三百萬石，宣德朝達到六百七十四萬餘石的最高點。正統、景泰、天順三朝大都保持在四、五百萬之間。詳參：鮑彥邦，《明代漕運研究》（廣州：暨南大學出版社，1996年5月第1版第1刷），頁45。

〔註3〕賴建誠，《邊鎮糧餉：明代中後期的邊防經費與國家財政危機，1531～1602》（臺北：中央研究院、聯經出版社，2008年4月初版），頁148～150。

軍餉發放不及，引起多次兵變，邊患問題越嚴重，則九邊的軍費就耗費越多，再加上將官的貪污，在一定程度上導致了邊費的增加。〔註4〕

　　邊費、中央政府文武百官、在京營衛所軍官、宗藩祿糧等支用的增加，加劇對漕運的依賴。蔡泰彬提出，明成祖遷都北京後，爲使南漕北運的暢通，投注巨資和民力以保運，結果導致國敝民疲。〔註5〕對此解決的辦法，有人主張恢復海運解決糧食的問題，如漕運都御史王宗沐（1566～1572）等；有人提出直接發展西北水利，就近解決糧食問題，如弘治年間（1488～1505），大學士丘濬（1418～1495）。在提倡發展西北水利就近解決糧食問題上，則以萬曆時期（1573～1620），徐貞明影響最大。貞明爲隆慶五年（1571）進士，除受浙江江陰知縣，在知縣任內，頗有其父徐九思遺風，克盡職責、縣績卓然，轉任工科給事中時，仍以經國生計爲己任，上〈亟修水利以預儲蓄酌議軍班以停勾補疏〉，希冀改善勾軍與發展西北水利舒緩南糧北運等問題，但因受河南道監察御史傅應禎（？～1587）上疏諷內閣首輔張居正（1525～1582）之事牽連，遭貶官，其志未申，遂著《潞水客談》一書以明志。在張居正死後，貞明入朝，官拜尙寶司司丞，受到工科給事中王敬民等人上疏舉薦貞明修水利，貞明遂開始了爲時約八個月的開發西北水利事業。在東南賦稅沉重又須負擔歲歲漕運的時空環境下，貞明可說是提倡開發西北水利以舒緩東南人民的倡言者、著述者與實踐者，影響至大。海運與漕運等問題已有多人專書研究，〔註6〕而開發西北水利專著方面相對較少，且在開發農田水利的同時，水土保持等問題，也是當時國家社會所關注的，這也是本論文撰寫的動機與目的。

二、研究範圍與方法

　　時間與人物的界定上，先探討貞明與其父親徐九思的處世爲官典範，了解其生平事蹟，與探討〈亟修水利以預儲蓄酌議軍班以停勾補疏〉所提出的

〔註4〕詳參：蕭立軍，《明代中後期九邊兵制研究》（長春：吉林人民出版社，2001年12月第1版第1刷），頁156～160。

〔註5〕蔡泰彬，《明代漕河之整治與管理》（臺北：臺灣商務印書館，民國81年1月初版第1刷），頁499。

〔註6〕有關明代海運專著，請詳參：吳緝華，《明代海運及運河的研究》（臺北：中央研究院歷史語言研究所，民國86年6月景印1版）。漕運問題，請詳參：星斌夫，《明代漕運の研究》（東京：學術振興社，1982年出版）。蔡泰彬，《明代漕河之整治與管理》（臺北：臺灣商務印書館，民國81年1月初版第1刷）。

仿匠班例取代勾軍制度是否可行？並藉由明代衛所制度的探源了解到其不可行之因。而《潞水客談》一書所涉及人、事、物與時代背景、思想淵源等，從元代到明代定都北京，一直存在著糧食北運的問題與文臣們提出的解決方法，到貞明的出現，以及明代晚期，踵繼貞明的腳步開發農田水利、評論者，及開發前後賦稅問題所引起南北政爭等問題，都是本文探討的範疇。

地域範圍的界定上，主要是明代北直隸與渾河、滹沱河、灤河流域及其上游地區，另討論到貞明與其父親任職知縣山陰縣、句容縣（今江蘇省境內）及東南地區、江西地區等地的重賦問題。

研究方法上，以歷史地理的方法闡述北京歷史地理情勢、浙江海塘等，再以史料交叉比對的方式，勾勒出貞明的身世背景，以《明實錄》、奏疏與地方志等史料，以不同觀點討論貞明開發西北水利過程始末與重賦問題，輔以GIS等地圖繪製法，繪製研究區域示意圖。

三、相關研究回顧

有關專門研究徐貞明生平事蹟與討論勾軍事，專書與論文付之闕如，而相關性專書、論文方面如貞明知縣任內、修浙江海塘等，有吳智和〈明代的縣令〉〔註7〕、何朝暉《明代縣政研究》〔註8〕講述明代縣令職責與為官之道等，車越喬、陳橋驛所著《紹興歷史地理》〔註9〕對浙江海塘的歷史地理論述。明代衛所制度與軍班問題方面，有吳晗〈明代的軍兵〉〔註10〕對明代軍兵問題有全面性的介紹；解毓才〈明代衛所制度興衰考〉〔註11〕分析了明代衛所制度成立的時代背景、原因等；陳文石〈明代衛所的軍〉〔註12〕初步探討衛所軍士與唐府兵制稍作比較；許賢瑤〈明代的勾軍〉〔註13〕專文敘述明代清

〔註7〕 吳智和，〈明代的縣令〉（《明史研究專刊》，第7期，民國73年6月）。

〔註8〕 何朝暉，《明代縣政研究》（北京：北京大學出版社，2006年12月第1版第1刷）。

〔註9〕 車越喬、陳橋驛，《紹興歷史地理》（上海：世紀出版集團、上海書店出版社，2001年6月第1版第1刷）。

〔註10〕 吳晗，〈明代的軍兵〉（收入吳晗，《讀史箚記》，北京：生活・讀書・新知三聯書店，1979年6月第1版第4刷）。

〔註11〕 解毓才，〈明代衛所制度興衰考〉（收入錢穆等，《明代政治》，臺北：臺灣學生書局，民國57年8月初版）。

〔註12〕 陳文石，〈明代衛所的軍〉（《中央研究院歷史語言研究所集刊》（錢院長思亮七十壽辰論文集），第48本第2分，民國66年6月）。

〔註13〕 許賢瑤，〈明代的勾軍〉（《明史研究專刊》，第6期，民國72年6月出版）。

勾軍一事；曹國慶〈試論明代的清軍制度〉〔註14〕就明代清軍的動因、內容、制度形成、發展與對明代社會的影響討論；劉金祥〈明代衛所缺伍的原因——兼談明代軍隊的貪污腐敗〉〔註15〕一文論述衛所缺伍的原因主要是邊班、清軍、勾解等措施在實行過程中產生了諸種弊端。專書方面，以于志嘉《明代軍戶世襲制度》〔註16〕與張金奎《明代衛所軍戶研究》〔註17〕探討明代衛所制度等，最爲詳細。另外，有關明代工匠制度方面，以陳詩啓〈明代的工匠制度〉〔註18〕討論明代工匠制度的演變與興衰。

地理環境方面，史念海〈司馬遷規劃的農牧地區分界線在黃土高原上的推移及其影響〉〔註19〕與《黃土高原歷史地理研究》〔註20〕等論文討論黃土高原上植被嚴重破壞，以致於造成黃河與海河流域中下游的泥沙淤積嚴重，與水土保持的破壞；李心純《黃河流域與綠色文明——明代山西河北的農業生態環境》〔註21〕主要是對於山西、河北兩省的災害環境分析與明代山西、河北水利事業的發展，糧食作物的分布做一深入的探討；而關於明代北邊山林生態方面，以蔡嘉麟《明代的山林生態——北邊防區護林伐木失衡的歷史考察》〔註22〕博士論文討論最詳盡。另外，有關海河流域的相關論文，如南炳文〈海河得名臆釋〉〔註23〕疏證海河一名最早記載；譚其驤〈海河水系的形成與發展〉〔註24〕提出海河水系形成於後漢末年，且水系中的滹沱河篇《水

〔註14〕曹國慶，〈試論明代的清軍制度〉（《史學集刊》，1994 年第 3 期）。

〔註15〕劉金祥，〈明代衛所缺伍的原因——兼談明代軍隊的貪污腐敗〉（《北方論叢》，2003 年第 5 期）。

〔註16〕于志嘉，《明代軍戶世襲制度》（臺北：臺灣學生書局，民國 76 年 4 月初版）。

〔註17〕張金奎，《明代衛所軍戶研究》（北京：綫裝書局，2007 年 5 月第 1 版第 1 刷）。

〔註18〕陳詩啓，〈明代的工匠制度〉（收入陳詩啓，《從明代官手工業到中國近代海關史研究》，廈門：廈門大學出版社，2004 年 9 月第 1 版第 1 刷）。

〔註19〕史念海，〈司馬遷規劃的農牧地區分界線在黃土高原上的推移及其影響〉（收入史念海，《河山集·九集》，西安：陝西師範大學出版社，2006 年 12 月第 1 版第 1 刷）。

〔註20〕史念海，《黃土高原歷史地理研究》（河南：黃河水利出版社，2002 年 11 月第 1 版第 2 刷）。

〔註21〕李心純，《黃河流域與綠色文明——明代山西河北的農業生態環境》（北京：人民出版社，1994 年 4 月第 1 版第 1 刷）。

〔註22〕蔡嘉麟，《明代的山林生態——北邊防區護林伐木失衡的歷史考察》（中國文化大學民國 95 年 5 月史學研究所博士論文）。

〔註23〕南炳文，〈海河得名臆釋〉（收入南炳文，《明史新探》，北京：中華書局，2007 年 4 月第 1 版第 1 刷）。

〔註24〕譚其驤，〈海河水系的形成與發展〉（收入譚其驤，《長水粹編》，河北：河北

經注》已亡佚；同樣張修桂《中國歷史地貌與古地圖研究》〔註 25〕也提到海河水系形成與演變，特別是提出海河水系演變中的主導作用；朱玲玲〈明清時期滹沱河的變遷〉〔註 26〕提出歷史上滹沱河至明清時期，變遷更爲頻繁；而在滹沱河研究方面，取得最大成就者爲石超藝〈明以降滹沱河平原段河道變遷研究〉〔註 27〕與其博士論文《明以來海河南系水環境變遷研究》〔註 28〕；另尹鈞科〈永定河與北京〉〔註 29〕一文提出永定河是北京的母親河，其廣闊的沖積扇爲北京城的形成和發展提供了優越的地域空間。

　　明代北直隸氣候方面，竺可楨〈中國近五千年來氣候變遷的初步研究〉〔註 30〕、鄒逸麟〈明清時期北部農牧過渡帶的推移和氣候寒暖變化〉〔註 31〕認爲從十四世紀中葉開始，中國氣溫逐漸下降，氣溫由濕潤轉向乾旱，原先衛所屯田地區已不能維持基本的糧食需要；高壽仙《明代農業經濟與農村社會》〔註 32〕提出明代的氣候，正處於所謂的「小冰期」；劉昭民《中國歷史上氣候之變遷》〔註 33〕提出明代是中國歷史上第四個寒冷期。

　　漕運方面，以吳緝華《明代海運及運河的研究》〔註 34〕、星斌夫《明代漕運の研究》〔註 35〕、蔡泰彬《明代漕河之整治與管理》、吳琦《漕運與中國

教育出版社，2002 年 1 月第 1 版第 2 刷）。

〔註 25〕 張修桂，《中國歷史地貌與古地圖研究》（北京：社會科學文獻出版社，2006年第 1 版第 1 刷）。

〔註 26〕 朱玲玲，〈明清時期滹沱河的變遷〉（《中國歷史地理論叢》，1989 年第 1 期）。

〔註 27〕 石超藝，〈明以降滹沱河平原段河道變遷研究〉（《中國歷史地理論叢》，2005年 7 月第 20 卷第 3 輯）。

〔註 28〕 石超藝，《明以來海河南系水環境變遷研究》（復旦大學歷史地理研究中心，2005 年博士學位論文）。

〔註 29〕 尹鈞科，〈永定河與北京〉（收入陝西師範大學西北歷史環境與經濟社會發展研究中心編，《歷史環境與文明演進——2004 年歷史地理國際學術研討會論文集》，2005 年 12 月第 1 版第 1 刷）。

〔註 30〕 竺可楨，〈中國近五千年來氣候變遷的初步研究〉（收入唐曉峰、黃義軍編，《歷史地理學讀本》，北京：北京大學出版社，2006 年 1 月第 1 版第 1 刷）。

〔註 31〕 鄒逸麟，〈明清時期北部農牧過渡帶的推移和氣候寒暖變化〉（收入鄒逸麟，《椿廬史地論稿》，天津：天津古籍出版社，2005 年 5 月第 1 版第 1 刷）。

〔註 32〕 高壽仙，《明代農業經濟與農村社會》（合肥：黃山書社，2006 年第 1 版第 1 刷）。

〔註 33〕 劉昭民，《中國歷史上氣候之變遷》（臺北：臺灣商務印書館，1994 年 7 月修訂版第 2 刷）。

〔註 34〕 吳緝華，《明代海運及運河的研究》（臺北：中央研究院歷史語言研究所，民國 86 年 6 月景印 1 版）。

〔註 35〕 星斌夫，《明代漕運の研究》（東京：學術振興社，1982 年出版）。

社會》〔註36〕與姚漢源《京杭運河史》〔註37〕等，均已取得相當成果。

關於明代西北水利研究成果，以王培華研究碩果最豐碩：〈元明清時期的「西北水利議」〉〔註38〕、〈元明清江南官員學者的西北水利思想與實踐〉〔註39〕、〈明清華北西北旱地用水理論與實踐及其借鑑價值〉〔註40〕與其專書《元明北京建都與糧食供應——略論元明人們的認識和實踐》〔註41〕從元明北京建都的觀點出發，討論糧食問題，極具參考價值。張芳〈明清畿輔地區水稻種植的發展及其制約因素〉〔註42〕提出貞明興修西北水利夭折的原因除了勳戚與北方官員反對外，地理條件上，水稻需要大量水資源灌溉，中國北方旱季長，這對於全面推廣水稻農田較為困難；另一篇〈明清時期海河流域的農田水利〉〔註43〕講到明清兩代，為了解決京師糧食供應，開始重視西北水利的開發。李增高、李朝盈〈明代徐貞明與京畿地區的水利及稻作史話〉〔註44〕提出了晚明遼東明廷與後金之間戰爭的白熱化，明朝已是南北皆困，這時候明神宗不得不在京畿地區興辦農田水利，使京畿地區的水稻種植才又得到重新發展的機會。李曉娥、張景書〈徐貞明西北興修水利和墾荒思想初探〉〔註45〕認為興修水利和墾荒具有穩定政治、經濟發展與戍邊禦敵的作用。葛文玲、許殿才〈西北水利建設的思想與方略——徐貞明《潞水客談》

〔註36〕 吳琦，《漕運與中國社會》（武漢：華中師範大學出版設，1999 年 12 月第 1 版第 1 刷）。

〔註37〕 姚漢源，《京杭運河史》（北京：中國水利水電出版社，1998 年 12 月第 1 版第 1 刷）。

〔註38〕 王培華，〈元明清時期的「西北水利議」〉（《北京師範大學學報》（社會科學版），1996 年第 6 期）。

〔註39〕 王培華，〈元明清江南官員學者的西北水利思想與實踐〉（《古今農業》，2000 年第 4 期）。

〔註40〕 王培華，〈明清華北西北旱地用水理論與實踐及其借鑑價值〉，（《社會科學研究》，2002 年第 6 期）。

〔註41〕 王培華，《元明北京建都與糧食供應——略論元明人們的認識和實踐》（北京：北京出版社出版集團、文津出版社，2005 年 3 月 1 版）。

〔註42〕 張芳，〈明清畿輔地區水稻種植的發展及其制約因素〉（《中國經濟史研究》，1996 年第 1 期）。

〔註43〕 張芳，〈明清時期海河流域的農田水利〉（《中國歷史地理論叢》，1995 年第 4 期）。

〔註44〕 李增高、李朝盈，〈明代徐貞明與京畿地區的水利及稻作史話〉（《北京農學院學報》，第 15 卷第 4 期）。

〔註45〕 李曉娥、張景書，〈徐貞明西北興修水利和墾荒思想初探〉（《乾旱地區農業研究》1996 年 6 月第 14 卷第 2 期）。

在中國水利史上的地位及影響〉〔註46〕提出了其行西北水利的盲點：只講水田而對於旱田部分卻未提到。另外，對後世的影響，無論是明代（徐貞明之後的明代官員）或清代的官員均影響很大。張民服〈《潞水客談》與明代京津地區水田的開墾〉〔註47〕講到貞明所著《潞水客談》對發展西北水利，尤其畿輔地區水利的主張，對後來京津一帶水利墾田活動有很大的影響。王永厚〈明代京畿地區治水營田的一次實踐──徐貞明及其《潞水客談》〉〔註48〕闡述貞明治水實踐與《潞水客談》所反映的水利思想，肯定了他對京畿地區治水營田承先啓後的作用，並對《潞水客談》版本做了簡介。張順周碩士論文《明代華北平原地區農業試探》〔註49〕認爲華北平原發展農業須做好治河防洪、灌溉抗旱與改良土壤三件事。

水利史專書方面，有朱學西《中國古代著名水利工程》〔註50〕；熊達成、郭濤編著《中國水利科學技術史概論》〔註51〕；水利水電科學研究院《中國水利史稿》編寫組所編《中國水利史稿》（下冊）〔註52〕；姚漢源《中國水利史綱要》〔註53〕、《中國水利發展史》〔註54〕；冀朝鼎著，朱詩鰲譯《中國歷史上的基本經濟區與水利事業的發展》〔註55〕；周魁一《中國科學技術史·水利卷》〔註56〕；鄭肇經《中國水利史》〔註57〕等，其中尤以姚漢源《中國

〔註46〕萬文玲、許殿才，〈西北水利建設的思想與方略──徐貞明《潞水客談》在中國水利史上的地位及影響〉（《江西社會科學》，2006 年 8 月）。

〔註47〕張民服，〈《潞水客談》與明代京津地區水田的開墾〉（《農史研究》，1985 年第6 輯）。

〔註48〕王永厚，〈明代京畿地區治水營田的一次實踐──徐貞明及其《潞水客談》〉（《中國農史》，1993 年第 12 卷第 3 期）。

〔註49〕張順周，《明代華北平原地區農業試探》（鄭州：鄭州大學碩士論文，2003 年5 月）。

〔註50〕朱學西，《中國古代著名水利工程》（臺北：臺灣商務印書館，1995 年 9 月初版第 2 刷）。

〔註51〕熊達成、郭濤編著，《中國水利科學技術史概論》（成都：成都科技大學出版社，1989 年 5 月第 1 版第 1 刷）。

〔註52〕水利水電科學研究院《中國水利史稿》編寫組，《中國水利史稿》（下冊）（北京：中國水利水電出版社，1989 年 1 月第 1 版第 1 刷）。

〔註53〕姚漢源，《中國水利史綱要》（北京：水利電力出版社，1987 年 12 月第 1 版）。

〔註54〕姚漢源，《中國發展水利史》（上海：上海人民出版社，2005 年 8 月第 1 版第1 刷）。

〔註55〕冀朝鼎著，朱詩鰲譯，《中國歷史上的基本經濟區與水利事業的發展》（北京：中國社會科學出版社，1992 年 12 月第 1 版第 2 刷）。

〔註56〕盧嘉錫總主編；周魁一著，《中國科學技術史·水利卷》（北京：科學出版社，

水利發展史》與周魁一《中國科學技術史・水利卷》在徐貞明治農田水利方面著墨較多。

日文資料方面，田口宏二朗〈明末畿輔地域における水利開発事業ついて——徐貞明と滹沱河河工〉〔註58〕與黨武彥，〈明清期畿輔水利論の位相〉〔註59〕最具參考價值。

四、史料的取材

生平事蹟方面，由周駿富編《明代傳記叢刊》與《句容縣志》〔註60〕、《嘉慶・山陰縣志》〔註61〕，其中《貴溪縣志》〔註62〕中〈鄧以讚祭同年徐貞明伯繼文〉與《張陽和先生不二齋文選》〔註63〕中〈山陰徐侯生祠碑〉是彌足珍貴的史料。另貞明的奏疏〈亟修水利以預儲蓄酌議軍班以停勾補疏〉〔註64〕談論貞明議軍班事宜，而如《東里文集》〔註65〕等文集也都是相當重要史料依據。

西北水利方面，從貞明《潞水客談》〔註66〕探討發展西北水利中的歷史地理背景、思想淵源等，中央研究院傅斯年圖書館藏善本書，明代何孟春《餘冬錄》與袁褧編《金聲玉振集》等資料。而《叢書集成初編》、《筆記小說大

2002年12月第1版第1刷）。

〔註57〕鄭肇經，《中國水利史》（臺北：臺灣商務印書館，民國75年10臺4版）。

〔註58〕田口宏二朗，〈明末畿輔地域における水利開発事業ついて——徐貞明と滹沱河河工〉（《研究ノート》，1997年第6期）。

〔註59〕黨武彥，〈明清期畿輔水利論の位相〉（《東洋文化研究所紀要》，第百二十五冊）。

〔註60〕清・曹襲先纂修，《句容縣志》（臺北：成文出版社，民國63年，據清乾隆十五年修清光緒二十六年重刊本影印）。

〔註61〕清・徐元梅修；朱文翰等編，《嘉慶山陰縣志》（上海：上海書店，1993年6月第1版第1刷）。

〔註62〕清・高駿生等纂修，《貴溪縣志》（臺北：成文出版社，民國78年，據清康熙二十二年刊本影印）。

〔註63〕明・張元忭，《張陽和先生不二齋文選》（《四庫全書存目叢書》集部154，臺南：莊嚴文化事業有限公司，1997年6月初版1刷，據湖北省圖書館藏明萬曆張汝霖張汝懋刻本）。

〔註64〕明・吳亮輯，《萬曆疏鈔》（《四庫禁毀書叢刊》史部59，北京：北京出版社，2000年1月第1版第1刷，據山西大學圖書館藏明萬曆三十七年刻本），卷48，徐貞明〈亟修水利以預儲蓄酌議軍班以停勾補疏〉，頁1上～5下。

〔註65〕明・楊士奇，《東里文集》（北京：中華書局，1998年7月第1版第1刷）。

〔註66〕明・徐貞明，《潞水客談》（《叢書集成初編》，北京：中華書局，1985年北京新1版，據粵雅堂叢書本排印）。

觀》、《廣志繹》〔註67〕、《春明夢餘錄》〔註68〕、《明經世文編》〔註69〕、《名臣經濟錄》〔註70〕等奏疏、文集等都極具參考價值。另外，方志如《天一閣藏明代方志選刊》、《（萬曆）饒陽縣志》〔註71〕、《畿輔通志》〔註72〕等明、清與民國時期所編地方志，均是本文參考重點。

　　水利開發與議題迴響，透過《明實錄》、《（康熙）束鹿縣志》〔註73〕與《寧晉縣志》〔註74〕中福建道監察御史王之棟〈請罷濬河疏〉與大學士申時行《賜閒堂集》〔註75〕中討論貞明開發西北水利事宜交相比對，統整出朝政對貞明開發西北水利一事的態度與南北方地域出身不同的官員政爭問題，再透過如徐光啟《農政全書》〔註76〕、《徐光啟集》〔註77〕、沈德符《萬曆野獲編》〔註78〕與吳邦慶編纂《畿輔河道水利叢書》〔註79〕等，討論自貞明以後，明代人對貞明開發西北水利一事的迴響、評價。

五、預期成果

　　先從家世背景父親徐九思的生平事蹟與為人處世，了解到貞明頗有乃父遺風，為官均以民生經濟為優先，再從時代背景中，分析貞明興修西北水利

〔註67〕　明·王士性，《廣志繹》（北京：中華書局，1997年11月第1版第2刷）。
〔註68〕　清·孫承澤，《春明夢餘錄》（臺北：大立出版社，民國69年10月）。
〔註69〕　明·陳子龍編，《明經世文編》（北京：中華書局，1987年3月第1版第2刷）。
〔註70〕　明·黃訓編，《名臣經濟錄》（《文淵閣四庫全書》史部202，臺北：臺灣商務印書館，民國73年7月）。
〔註71〕　明·翟燿修，石徑世纂，秦繼宗續纂，《（萬曆）饒陽縣志》（北京：中華全國圖書館文獻縮微複製中心，2000年6月）。
〔註72〕　清·唐執玉、李衛等監修，田易等纂，《畿輔通志》（《文淵閣四庫全書》史部262，臺北：臺灣商務印書館，民國73年7月初版）。
〔註73〕　清·劉昆，《（康熙）束鹿縣志》（臺北：成文出版社，民國57年8月臺1版，據民國26年鉛印本）。
〔註74〕　伊承熙等修、張震科等纂，《寧晉縣志》（臺北：成文出版社，民國58年臺1版，據民國18年石印本）。
〔註75〕　明·申時行，《賜閒堂集》（《四庫全書存目叢書》集部134，臺南：莊嚴文化事業有限公司，1997年6月初版1刷，據北京圖書館藏明萬曆刻本）。
〔註76〕　明·徐光啟著、石聲漢校注，《農政全書校注》（臺北：明文書局，民國70年9月初版）。
〔註77〕　明·徐光啟，《徐光啟集》（臺北：明文書局，民國57年1月初版）。
〔註78〕　明·沈德符，《萬曆野獲編》（北京：中華書局，2004年4月北京第1版第4刷）。
〔註79〕　清·吳邦慶，《畿輔河道水利叢書》（一）（二）（收入沈雲龍主編，《中國水利要籍叢書》（第三集），臺北：文海出版社，民國59年4月初版）。

的原因與著述《潞水客談》的原由，透過史料的交叉比對方式，分析開發西北水利時，官員贊成與反對的原因與明神宗扮演的角色地位，為時八個月的水利開發後，後世的迴響了解到貞明開發西北水利優缺點。

第二章　家世生平

　　明代徐貞明父親徐九思，爲人剛正耿直、克盡職守，嘉靖年間（1522～1523）曾任句容縣令長達九年，升遷爲工部營繕司主事時，句容縣百姓爭相挽留，並希冀九思留下訓誨，得以遵循，貞明頗有其父遺風，爲官山陰縣令期間，精核民事，修補了白洋口（白洋河位在今天江蘇省泗洋縣西北）海塘，保障了百姓生命財產安全，同其父親一樣，轉任工科給事中時，縣民俱泣，並爲貞明立生祠。

　　本章將透過史料的整理，編織貞明父子爲官生涯的一生，了解貞明受其父影響頗大。對於貞明上疏〈亟修水利以預儲蓄酌議軍班以停勾補疏〉一疏中的「議班軍以停勾補」問題，先對明代的衛所軍戶制度的淵源廓清，再透過分析明代諸多大臣的奏疏，了解貞明以匠班的方式改善勾軍是否可行。

第一節　家族典範

一、生性爲人

　　貞明父親徐九思一名九經，〔註1〕字子愼，〔註2〕江西廣信府貴溪縣（江

〔註 1〕清・曹襲先纂修，《句容縣志》（臺北：成文出版社，民國 63 年，據清乾隆十五年修清光緒二十六年重刊本影印），卷 7，〈秩官志〉，頁 33 下，載「徐九思一名九經」詞句出現，不過整個，《句容縣志》僅此一句，其他均以「徐九思」稱之。同樣：清・傅維鱗纂，《明書》（《叢書集成初編》，北京：中華書局，1985 年北京新 1 版，據畿輔叢書本排印），卷 139，〈循良傳二〉，頁 2772～2775，直接以「徐九經」稱徐九思，反而不見「九思」字樣。

〔註 2〕清・高駿生等纂修，《貴溪縣志》（臺北：成文出版社，民國 78 年，據清康熙

西今縣）〔註3〕東山嶺人，〔註4〕生於明弘治十七年（1504），四歲時，生母劉氏過世，未及二十歲，父親儉庵相繼過世，但九思侍奉大母周氏與繼母艾氏仍舊相當孝順，家鄉曾傳染急性腸道疫情，致周氏與艾氏相繼染病無法起身，當時家人深怕傳染，避之惟恐不及，惟獨九思侍奉兩母，終至病癒。〔註5〕

九思爲人孝順耿直，天性重節義、講誠信，學識博通諸經，尤其精研戴氏《禮記》。九思曾到一位貴少年家塾中讀書，此位少年生性驕佚，喜狎佳麗遊玩，有次因有事外出，將佳麗留在塾中坐於九思身旁，以媚色測試九思爲人，九思不爲所動，佳麗遂將此事告訴貴少年：徐九思是一位鐵石心腸的正人君子。有一老儒生捧經書以勸告貴少年，貴少年歎氣地對九思說：「經書是爲汝輩而書寫，而非爲我。」九思置之一笑並糾正說：經書並不是爲富貴人家而撰寫，此觀點是錯誤的。〔註6〕

二、生平爲官

嘉靖四年（1525），〔註7〕九思中孝廉鄉舉，〔註8〕時年 22 歲，但未馬上任有官職，最快在嘉靖十七年以後，方被薦舉首次任官爲句容縣令。〔註9〕身爲明代縣令者，執掌一縣之縣政，凡是賦役、十年造黃冊、以男丁爲差役等，

二十二年刊本影印），卷6，〈人物志〉，頁 40 上。同樣：清・曹襲先纂修，《句容縣志》，卷 10，〈藝文志上〉，頁 32 下，有「侯名九思字子愼，貴溪人」字句記載。雖然，清・張廷玉等，《明史》（臺北：鼎文書局，民國 87 年 8 月 9 版），卷 281，〈列傳第一百六十九〉，頁 7213～7214，未記載徐九思字，但由《貴溪縣志》、《句容縣志》兩史料可知徐九思字子愼應無誤。

〔註3〕清・高駿生等纂修，《貴溪縣志》，頁 51。清・張廷玉等，《明史》，卷 169，〈循吏〉，頁 7213。

〔註4〕清・楊長杰等修，黃聯珏等纂，《貴溪縣志》（臺北：成文出版社，民國 78 年，據清同治十年刊本影印），卷7，〈選舉〉，頁 11 上。

〔註5〕明・焦竑編，《國朝獻徵錄》（臺北：明文書局，民國 80 年 1 月初版），卷 100，王世貞〈廣東高州府知府徐公九思墓志銘〉，頁 33 上下。

〔註6〕明・焦竑編，《國朝獻徵錄》，卷 100，王世貞〈廣東高州府知府徐公九思墓志銘〉，頁 33 下。

〔註7〕清・高駿生等纂修，《貴溪縣志》，卷5，〈選舉志〉，頁 18 上。清・曹襲先纂修，《句容縣志》，卷 10，〈藝文志上〉，頁 32 下。

〔註8〕清・謝旻等監修；陶成等編纂，《江西通志》（《文淵閣四庫全書》史部 273，臺北，臺灣商務印書館，民國 73 年 7 月第 1 版），卷 86，〈人物二十一〉，頁 33 下。清・傅維鱗纂，《明書》，卷 139，〈循良傳二〉，頁 2772，中所載「徐九經，貴溪人，舉進士」，是有待商榷的，因眾多史料未發現徐九思有中過進士。

〔註9〕清・曹襲先纂修，《句容縣志》，卷 2，〈建置志〉，頁 8 上。

縣令須視時序更替、土地的豐收與否、人力貧富，而調劑而均節，歲歉時，則請補助於省府。另外，凡敬老尊賢、祭祀神明、旌表善良、撫恤貧困人家、維護縣民安全、聽獄訟等，皆須躬親厥職，縣內若山海澤藪之產，足以資國用者，則按籍而致貢。〔註 10〕職一縣之長，如同地方父母官，可謂辛勤。在就任句容縣令時，九思穿著簡陋的衣服乘著竹轎和官員鄉紳們見面，眾人皆說：「轎上之人頗有長者風範，若他來治理縣邑，則豪門欺負良民的現象將不復存在」。〔註 11〕

（一）句容縣縣令

九思任句容縣令第三日，有位吏員袖中藏有空牒與竊取官印，被九思發現遂揭發其惡狀，諸多吏員皆為之求情：藏空牒與竊取官印是為了某親戚發生了事情須補牒，並不是為了要接受賄賂。剛正耿直的九思表明對事不對人的申法立場，以法律懲處之，〔註 12〕並曉戒其他官吏僚屬不得擅自攬訟及接受人民賄賂：

> 民每來訟，輒發和處，不即和處，面諭之，使心服，不濫笞一人，
> 不肯置一人於獄。〔註 13〕

申明執法決心，諸吏員皆戒慎恐懼，自後不敢有魚肉鄉民的行為。〔註 14〕曾有人於穀價踊貴時，趁機操弄穀價，嫉惡如仇的九思立即處之以法，對為惡者警惕，確實做到路不拾遺的政績。〔註 15〕縣中若有狡猾的豪民，有冒替正身承役或期不赴者，則縣官就須特別注意甄別，〔註 16〕對此，九思則是等里中三老逮捕正身，再笞打之，「蓋正身有廉恥，懼責打」。〔註 17〕從來不遣轄

〔註 10〕　清・張廷玉等，《明史》，卷 75，〈職官四〉，頁 1850。

〔註 11〕　明・過庭訓纂集，《明分省人物考》（臺北：明文書局，民國 80 年 1 月初版），
　　　　　卷 60，〈徐九思〉，頁 30 下。

〔註 12〕　清・張廷玉等，《明史》，卷 169，〈循吏〉，頁 7213。

〔註 13〕　明・尹守衡，《明史竊》（臺北：華世出版社，民國 67 年 4 月臺影印 1 版），
　　　　　卷 77，〈徐九思〉，頁 20 上。

〔註 14〕　清・徐開任編輯，《明名臣言行錄》（臺北：明文書局，民國 80 年 1 月初版），
　　　　　卷 40，〈太守徐公九思〉，頁 19 上下。

〔註 15〕　清・徐開任編輯，《明名臣言行錄》，卷 40，〈太守徐公九思〉，頁 20 上～21 下。

〔註 16〕　何朝暉，《明代縣政研究》（北京：北京大學出版社，2006 年 12 月第 1 版第 1
　　　　　刷），頁 90。

〔註 17〕　明・蔣廷璧，《璞山蔣公正訓》（《官箴書集成》第 2 冊，合肥：黃山書社，1997
　　　　　年 12 月第 1 版第 1 刷，據明崇禎金陵書坊唐氏刻官常政要本），〈擇糧里〉，
　　　　　頁 12 上。

下任何一隸卒下鄉去擾民，列於縣庭下的隸卒如同木偶般，〔註18〕時下有諺
云：「門子不上堂，書手不進房，皀隸不下鄉，就是好官。」〔註19〕以致於隸
卒無所私下接受人民賄賂，其不滿者大多自行離去。〔註20〕

　　賦稅方面，九思爲防止諸糧長從中上下其手，豪奪人民，重新整理賦稅：

　　　　畫一於冊，以示各賦區，雖至椎魯，不受惑也。邑故有賠賦米四百
　　　　石，公（徐九思）覈其欺隱者，應之賦得所歸不爲累他，運解費有
　　　　輕重，官故量資之點豪趣輕而資重，不相當久矣！公（徐九思）已
　　　　密得其概要。〔註21〕

九思悉革一切浮華浪費，並力行節儉。句容縣地處吳越要道，人民疲於供應，
九思便親自率領隸卒開闢荒廢田圃數十畝，種植蔬菜水果，並以官田池塘蓄
養雞豬魚等，若有過客拜訪句容縣，一切的供應需求，皆不用勞煩里甲人民，
從這些官方收成拿來支付，所省卻下來的公帑爲數相當可觀。〔註22〕九思既
然以廉儉名聲聞名，遇到其縣轄下人民，若有身著華冠錦衣或排場太過奢侈
者，九思必定勸戒，使其知曉節儉的重要性。〔註23〕

　　身爲句容縣父母官的九思，愛民如子，無論是轄內子民或鄰邑人民均平
等待之，讓子民免於憂患勞苦飢餓：

　　　　邑（句容縣）西距二十里，東距白土五十里爲衝衢車馬所踐，塵土
　　　　坌積可三尺許，遇雨雪泥濘至沒股，顚仆相尾。公（徐九思）積顧
　　　　役之羨，甃石以道之，行旅無所苦。……上（嘉靖帝）方祠鼇竹宮，
　　　　多遺中貴人、方士醮神三茅山（又名句曲山，即今江蘇西南部茅山），
　　　　三茅公所治也。歎詫曰：「吾民困至此，而忍吏驅之役。」或謂：「應
　　　　天屬邑八，是不可分任乎哉！」公曰：「救災卹隣古道也，鄰民即吾
　　　　民，吾何忍紓此而困彼。」挍故牘商引之金宿於府者請之，中丞直
　　　　指以供費，公躬爲經畫，諸使者憚公清嚴，竟竣事不復有所干民，

〔註18〕明・焦竑編，《國朝獻徵錄》，卷100，王世貞〈廣東高州府知府徐公九思墓志
　　　　銘〉，頁27上。
〔註19〕明・蔣廷璧，《璞山蔣公正訓》，〈屏左右〉，頁8下。
〔註20〕清・徐開任編輯，《明名臣言行錄》，卷40，〈太守徐公九思〉，頁19下。
〔註21〕明・焦竑編，《國朝獻徵錄》，卷100，王世貞〈廣東高州府知府徐公九思墓志
　　　　銘〉，頁27下。
〔註22〕明・張萱，《西園聞見錄》（臺北：明文書局，民國80年1月初版），卷97，〈循
　　　　良〉，頁15下。
〔註23〕清・徐開任編輯，《明名臣言行錄》，卷40，〈太守徐公九思〉，頁22上。

忘其役。然歲侵益甚，穀價踊貴，丁中丞發庚米數百石，使平價而糶，取其直於官。公（徐九思）曰：「今流莩載道，數百石□幾何而徒以資糶者，彼糶者皆豪也。於是從時價糶其半還直於官，而取餘米煮粥召三老受而分食其餓者。居三日，報餓者起矣！公按倉穀餘尚多，使稱力分負以去，其山谷間稍遠者，則就傍富人穀而取償於倉。〔註24〕

因九思能體卹百姓的飢餓勞苦，使居民免於溝壑之災，活者甚眾，九思曾經說過：就算是天子行恩惠於人民，也無法人人免租除役，重要的是視事情的輕重緩急而決定的。〔註25〕對於學術文化的提倡，九思也不乏餘力，對諸博士弟子猶如自己的子弟一般，常開課論說經術文義，並資助饘粥膏油的費用。〔註26〕嘉靖二十五年（1546），九思更在縣東的空地，建立三間環以石池的仕優亭。〔註27〕

　　剛正不阿的九思，認為只要合乎理、法之事，就義無反顧地去執行，對於寡廉鮮恥的小人，則加以規範制裁，無懼於長官威權施壓，當時應天府京兆尹縱容官署中掌管案書文卷的小吏來到縣中索賄，九思不給，文書小吏喝酒後，在縣衙諸庭詈言謾罵，九思將這位文書小吏綑綁笞打以示訓誡，但卻也因此而得罪應天府京兆尹。〔註28〕不久，應天京兆府尹替永康侯徵教讀呂先生，九思告知永康侯說：呂先生是一商人子弟，平常不學無術，若聘之為教讀，實有辱永康侯。應天京兆府尹得知此事後，更怒，遂會同縣中諸生曾受九思懲戒者，暗中以蜚語訴於丁中丞。事情鬧到了南京吏部尚書熊浹（1478～1554），熊浹相當震怒地說：平常就聽說句容縣令相當賢能，並不遜色於古人，現今不以邦彥之士舉報於考功郎，反而中傷之。吏部尚書熊浹做出裁決，將丁中丞論謫於外，特將九思留下，時下人民皆說：一位中丞的能力反而輸給了一位縣令。〔註29〕九思任句容縣令長達九年，任滿升為工部營繕司主事，

〔註24〕明・焦竑編，《國朝獻徵錄》，卷100，王世貞〈廣東高州府知府徐公九思墓志銘〉，頁28上～29上。

〔註25〕清・王鴻緒等，《明史稿列傳》（臺北：明文書局，民國80年1月初版），卷262，〈徐九思〉，頁22上下。

〔註26〕明・焦竑編，《國朝獻徵錄》，卷100，王世貞〈廣東高州府知府徐公九思墓志銘〉，頁29上下。

〔註27〕清・曹襲先纂修，《句容縣志》，卷2，〈建置志・公署〉，頁8下。

〔註28〕清・徐開任編輯，《明名臣言行錄》，卷40，〈太守徐公九思〉，頁21上。

〔註29〕清・徐開任編輯，《明名臣言行錄》，卷40，〈太守徐公九思〉，頁21上。

再歷都水司郎中。

（二）都水司郎中

任都水司郎中期間，整治張秋（今山東陽穀縣南張秋鎮）諸漕河道，因為漕河河道雖與鹽河河道相近卻不相接，每逢運河水量滿溢的時候，則氾濫為田患，因此九思乃決定建造減水橋於沙灣（今山東陽谷縣東），使得漕河與鹽河的河道能夠相通，一來若運河水滿溢時，可利用鹽河宣洩入海，不再為田患，另一方面運河水得以鹽河水資助之，使運河水不至於枯涸，竣工之後，永利於地方。〔註30〕

治理張秋河道期間，適逢工部尚書趙文華（？～1557）奉命巡視平定東南倭寇大軍，所過之地，地方長官皆親自送出境，且所受之幣禮甚多，唯有九思忙於沙灣治河工程，無暇抽身，僅遣一吏拿著九思的謁見文書前往拜見趙文華。趙文華不悅地將文書丟棄於地，謾罵離開。〔註31〕九思為閭閻國家著想，忽略「遇上司將按臨到縣，預先責差巡捕同各房能幹吏典，帶領精狀夫馬傘轎等項，及門皁廚役並中火住宿處應之物，在於該管地界迎接替換。寧可守候，勿致誤事」等為官之道。〔註32〕

趙文華回到京師後，為報復九思，遂與吏部尚書吳鵬合謀，予以陷害。〔註33〕嘉靖三十六年（1557）二月，九思被吏部會都察院考察為在京官老疾者。〔註34〕嘉靖四十二年（1563），轉任廣東高州府知府，〔註35〕任官一年的時間，考功郎以九思年老而令其納還職事。九思笑說：年紀大小我自有分寸，何須勞煩考功令？〔註36〕嘉靖四十三年（1564），九思致仕，時年六十一歲。

〔註30〕 清・傅澤洪，《行水金鑑》（收入沈雲龍主編《中國水利要籍叢書》第三集，臺北：文海出版社，民國58年5月初版），卷116，〈運河水〉，頁13下。

〔註31〕 明・焦竑編，《國朝獻徵錄》，卷100，王世貞〈廣東高州府知府徐公九思墓志銘〉，頁31下～32上。

〔註32〕 明・不著撰者，《居官必要為政便覽》（《官箴書集成》第2冊，合肥：黃山書社，1997年12月第1版第1刷，據明崇禎金陵書坊唐氏刻官常政要本），卷上，〈吏類〉，頁5下。

〔註33〕 清・張廷玉等，《明史》，卷169，〈循吏〉，頁7214。

〔註34〕 明・張居正等，《明世宗實錄》（京都：中文出版社，1984年5月，據中央研究院歷史語言研究所民國51年刊本縮印），卷444，嘉靖三十六年二月己亥條，頁2上。

〔註35〕 清・楊霽修、陳蘭彬等纂，《高州府志》（臺北：成文出版社，民國56年，據清光緒十五年刊本影印），卷19，〈職官二〉，頁12上。

〔註36〕 明・焦竑編，《國朝獻徵錄》，卷100，王世貞〈廣東高州府知府徐公九思墓志

九思年至八十五歲時，身體稍有微恙，即卻醫藥，拱手說：「茅山〔註37〕迎我。」遂卒，〔註38〕時在萬曆十六年（1588）。

三、百姓愛戴

九思任官年間，恪盡職守，初次在句容縣邑中任父母官時，〔註39〕境內百姓遮道相迎，越靠近近郊的城外荒地，歡迎者漸多，成千上萬，或趨前相導，或前呼後擁，或輪流抬轎直到公堂上，當時公堂墀下無論老幼皆歡呼九思為「爺」。九思恐懼地反省說：這些成千上萬的人民，個個均是圓首方趾之人，與我並沒什麼兩樣，就算是瞎者黃耇也一同叫我：「爺」，乃是因為他們認定我會如同他們的父母一般，善待他們，九思以此深自為惕。〔註40〕果然未讓人民失望，得罪應天府京兆府尹時，句容縣百姓幾千人相約泣涕地告訴丁中丞：若沒有徐縣令，縣邑人民早已轉死於溝壑之中。中丞告訴百姓說：縣令不稱職，若你們還這樣胡亂稱讚，縣令將被遷往他地任職。百姓聽了大聲哭泣：若縣令往遷他處，我們就請死於此。為此，人民還敘及九思過去採用奇策救荒，讓人民免於溝壑之災。對於那些指責九思的諸生，為過去曾犯錯受到九思的懲處而懷恨在心，因而予以中傷。丁中丞遂將百姓之意轉述應天府尹，應天府尹卻說九思只是一位喜歡以抗上不懼威權的方式來博得好名聲的頑吏，並不是一位好官，因此會同丁中丞入尚書省舉發九思過失，幸賴吏部尚書熊浹曉明大義，知道九思是一位賢能「不減古人」的好官，而續留任句容縣。〔註41〕

以廉儉著稱的九思在句容縣任滿九年縣令後，升遷為工部營繕司主事，將行之時，句容縣百姓爭相挽留，縣中年長者希望九思離縣進京前，能留下訓誨，讓百姓奉行就如同遵奉九思的平時訓規一樣。九思感動流淚說：儉與

銘〉，頁 32 上。

〔註37〕茅山，應指今江蘇西南部，地跨今句容、金壇、溧水、溧陽等縣市境之大茅山。南北走向，古名句曲，又名三茅山。詳參：史為樂主編，《中國歷史地名大辭典》（北京：中國社會科學出版社，2005 年 3 月第 1 版第 1 刷），頁 1479。

〔註38〕明·焦竑編，《國朝獻徵錄》，卷 100，王世貞〈廣東高州府知府徐公九思墓志銘〉，頁 33 上。

〔註39〕在明代地方行政體系上，縣令是最基層最親民的父母官。詳參：吳智和，〈明代的縣令〉，《明史研究專刊》，第 7 期，民國 73 年 6 月出版，頁 1。

〔註40〕明·耿定向，《先進遺風》（臺北：明文書局，民國 80 年 1 月初版），卷下，頁 38 上～39 下。

〔註41〕明·過庭訓纂集，《明分省人物考》，卷 60，〈徐九思〉，頁 32 下～33 上。

勤及忍，儉則不浪費；勤則不懶惰懈怠；忍則不爭，是保全身家的方法。九思平常不喜歡肉食，僅以蔬菜佐以脫粟而已，其曾於縣衙前的牆壁上刻畫蔬菜且題字爲：「吾赤子，不可一日令有此色；爲民父母，不可一日不知此味。」〔註42〕因而，縣邑中的父老刻了九思所畫蔬菜，並書寫「勤」、「儉」、「忍」三言在其上，稱此三言爲九思的三字經。〔註43〕

　　九思任官期間，剛正廉儉，其政以養民爲主，用「奇策」使人民免於溝壑，「執法剛正」讓百姓循規蹈矩免去了豪族高官的欺壓，不惜得罪了應天府尹等諸官，人民知其賢，遂願爲九思奔走、抱不平，轉升工部營繕司主事時，人民亦強加慰留，並請徐九思留下惠訓「勤、儉、忍」三字經，讓人民得以行之久遠。其中忍字，最爲難行，李樂曾說：「忍力最難，如遇喜，多言欲忍之，使默；見色思濫欲忍之，使伏；逢樂將縱，欲忍之，使斂；臨食方□，欲忍之，使節，皆人之所難也。」〔註44〕縣民並爲九思建造生祠四、五所，〔註45〕麻城人李寵爲之撰〈徐侯茅山生祠記〉。〔註46〕九思憂國憂民的作爲，職工部都水司郎中時，也展露無遺，其治理張秋河道，想早日竣工，讓人民免除水患之害，甘冒失禮於南巡的上司工部尚書趙文華，此爲爲官者少見。《萬姓統譜》稱九思爲人：「性情清介，恥逐流俗，凡供億務從簡約，當興革毅然必行」。〔註47〕王世貞（1528～1590）於〈廣東高州府知府徐公九思墓誌銘〉中載：「句容令徐公前後治邑九載，其純白之行、惠利之政，當爲天下第一。」〔註48〕九思爲官如斯，無怪乎《明史》將其傳列爲〈循吏傳〉。「循吏」者，爲官奉法循理，清廉良善者曰循吏。〔註49〕太史公司馬遷曰：「奉法循理之吏，不伐功矜能，百姓無稱，亦無過行，作〈循吏列傳〉。」〔註50〕近人呂思勉稱：

〔註42〕　明・過庭訓纂集，《明分省人物考》，卷60，〈徐九思〉，頁33下。

〔註43〕　清・張怡，《玉光劍氣集》（北京：中華書局，2006年8月第1版第1刷），頁336。

〔註44〕　明・李樂，《見聞雜紀》（《筆記小説大觀四十四編》八，臺北：新興書局，民國76年3月版，據明萬曆辛丑刊本影印），卷1，頁8下。

〔註45〕　明・過庭訓纂集，《明分省人物考》，卷60，〈徐九思〉，頁34上。

〔註46〕　清・曹襲先纂修，《句容縣志》，卷10，〈藝文志上〉，頁31下～32上。

〔註47〕　明・凌迪知，《萬姓統譜》（《文淵閣四庫全書》子部262，臺北：臺灣商務印書館，民國74年6月初版），卷7，〈上平聲〉，頁28下。

〔註48〕　明・焦竑編，《國朝獻徵錄》，卷100，王世貞〈廣東高州府知府徐公九思墓志銘〉，頁26上。

〔註49〕　中文大辭典編纂委員會，《中文大辭典》（臺北：華岡出版部，民國62年10月初版），頁5145。

〔註50〕　漢・司馬遷，《史記》（臺北：鼎文書局，民國68年2月2版），卷130，〈太

眞正之賢，乃其人富於社會性，肯先公而後私；……眞正之智，乃其人明白事理，遇事能精密觀察，明其眞相，斟酌情勢，想出適當的對策。〔註51〕《明史・循吏傳》稱九思爲「賢智」均當之無愧。

第二節　爲官生涯

　　徐貞明，字伯繼，號孺東，〔註52〕江西貴溪人，嘉靖四十年舉人，〔註53〕

史公自序〉，頁3317。

〔註51〕呂思勉，《呂思勉論學叢稿》（上海：上海古籍出版社，2006年12月第1版第1刷），頁415。

〔註52〕徐貞明字一曰「伯繼」一曰「孺東」，又有「字伯繼號孺東」史料。

　　「字伯繼」史料有：

　　（1）明・張元忭，《張陽和先生不二齋文選》（《四庫全書存目叢書》集部154，臺南：莊嚴文化事業有限公司，1997年6月初版1刷，據湖北省圖書館藏明萬曆張汝霖張汝懋刻本），卷4，〈山陰徐侯生祠碑〉，頁57下。

　　（2）明・鄒元標，《願學集》（《文淵閣四庫全書》集部233，民國74年12月初版），卷29上，〈水利〉，頁1上。

　　（3）清・黃宗羲編，《明文海》（北京：中華書局，1987年2月第1版第1次印刷），卷229，〈泰西水法序〉，頁4下。

　　（4）清・覺羅石麟等監修；儲大文等編纂，《山西通志》（《文淵閣四庫全書》史部301，民國73年10月初版），卷6下，〈明敕封文林郎道御史筆峯余公墓誌銘〉，頁8上。

　　（5）清・清高宗敕撰，《續文獻通考》（臺北：新興書局，民國52年10月新1版，據清武英殿版影印），卷170，〈經籍三十・史〉，頁4193。

　　（6）清・嵇曾筠等監修；沈翼機等編纂，《浙江通志》（《文淵閣四庫全書》史部281，臺北：臺灣商務印書館，民國73年3月初版），卷153，頁43下。

　　（7）清・高駿生等纂修，《貴溪縣志》，卷5，〈選舉志〉，頁36下；又同書卷8，〈人物志〉，頁22上～下，有〈鄧以讚祭同年徐貞明伯繼文〉一文亦曰徐貞明爲「伯繼」。

　　（8）清・楊長杰等修，黃聯珏等纂，《貴溪縣志》，卷7，〈選舉志〉，頁12上。

　　「字孺東」史料有：

　　（1）明・李之盛編，《皇明應諡名臣備考錄》，（臺北：明文書局，民國80年初版），卷9，〈徐貞明〉，頁28上。

　　（2）清・張廷玉等，《明史》，卷223，〈列傳第一百一十〉，頁5881。

　　（3）清・徐乾學等，《徐本明史列傳》（臺北：明文書局，民國80年初版），卷78，〈徐貞明〉，頁656。

　　（4）清・法式善，《陶廬雜錄》（北京：中華書局，1997年12月第1版第3刷），卷5，〈趙一清書徐貞明遺事〉，頁150。

　　（5）清・王鴻緒等，《明史稿列傳》，卷206，〈徐貞明〉，頁16下。

（6）清‧姚之駰，《元明事類鈔》（《文淵閣四庫全書》子部 190，臺北：臺灣商務印書館，民國 74 年 6 月初版），卷 7，〈政術門二〉，頁 3 下。

（7）清‧謝旻等監修；清‧陶成等編纂，《江西通志》，卷 86，〈人物二十一〉，頁 41 下。

直接稱「孺東」史料有：

（1）明‧沈德符，《萬曆野獲編》（北京：中華書局，2004 年 4 月第 1 版第 4 刷），卷 12，〈戶部〉，頁 320。

（2）明‧鄒元標，《願學集》，卷 233，〈前雲南左布政詔贈光祿卿波石徐公前給事中尚寶司卿兼監察御史孺東徐公祠堂記〉，頁 26 下。

（3）明‧顧允成，《小辨齋偶存》（《文淵閣四庫全書》集部 231，臺北：臺灣商務印書館，民國 74 年 12 月初版），卷 6，〈書〉，頁 6 上。

（4）明‧王世貞，《弇州四部稿》（《文淵閣四庫全書》集部 223，臺北：臺灣商務印書館，民國 74 年 6 月初版），續稿卷 190，〈文部〉，頁 6 上。

（5）明‧賀復徵編，《文章辨體彙選》（《文淵閣四庫全書》集部 348，臺北：臺灣商務印書館，民國 75 年 3 月初版），卷 657，〈碑十六議論遺愛〉，頁 7 上。

「字伯繼號孺東」史料有：

（1）明‧蕭彥等，《掖垣人鑑》（《四庫全書存目叢書》史部 259，臺南：莊嚴文化事業有限公司，1996 年 8 月初版 1 刷，據明人文集叢刊影印明萬曆十二年刻本），卷 16，〈徐貞明〉，頁 8 上。

（2）清‧徐元梅修；朱文翰等編，《嘉慶山陰縣志》（上海：上海書店，1993 年 6 月第 1 版第 1 刷），卷 12，〈名宦〉，頁 6 上。

綜合以上諸多史料觀之，「字伯繼」史料最多；「字伯繼號孺東」史料最少。然而以可信度來講，以明‧張元忭，《張陽和先生不二齋文選》，卷 4，〈山陰徐侯生祠碑〉，頁 57 下；清‧高駿生等纂修，《貴溪縣志》，卷 8，頁 22 上～下，〈鄧以讚祭同年徐貞明伯繼文〉一文此兩史料最具可信度，因張元忭與鄧以讚均與徐貞明爲隆慶五年（1571 年）辛未進士，且〈山陰徐侯生祠碑〉撰於萬曆六年（1578 年），「山陰徐侯（徐貞明）入召之三歲」，時徐貞明尚爲明萬曆朝官員之一，又〈鄧以讚祭同年徐貞明伯繼文〉一文中有「三人（張子蓋、鄧以讚與徐貞明）遂爲莫逆……不意戊子（萬曆十六年），子蓋先死，予（鄧以讚）與兄（徐貞明）共哭之」字句，因此，〈山陰徐侯生祠碑〉與〈鄧以讚祭同年徐貞明伯繼文〉可信度最高。就「字孺東」與「孺東」現有史料雖然較「字伯繼」與「字伯繼號孺東」史料多，但就只有李之盛編《皇明應諡名臣備考錄》、沈德符《萬曆野獲編》、鄒元標《願學集》與顧允成《小辨齋偶存》爲明代文，且只有《皇明應諡名臣備考錄‧徐貞明》頁 28 上「徐貞明字孺東」明確的出現「字孺東」，其餘史料《萬曆野獲編》、《願學集》與《小辨齋偶存》只稱「孺東徐公」與「徐孺東」，不知是稱徐貞明字或號；其餘史料均爲清代人所撰，時間上來講，相隔較久。另外，又有史料爲「字伯繼號孺東」且《掖垣人鑑》爲「據明人文集叢刊影印明萬曆十二年刻本」時間上來說萬曆十二年（1584），徐貞明尚在人世，因此本文採「字伯繼號孺東」爲徐貞明字、號。

〔註53〕清‧楊長杰等修，黃聯珏等纂，《貴溪縣志》，卷 7，〈選舉志‧鄉舉〉，頁 12 上。

隆慶五年高中三甲一百四十一名進士，〔註54〕時會試主考官爲少傅太子太傅吏部尚書建極殿大學士張居正（1525～1582）與掌詹士府事吏部左侍郎兼翰林院學士呂調陽（1506～1580）所主持，共取進士三九六名，一甲三名：張元忭（1538～1588）、劉珹、鄧以讚（1542～1599），二甲七十七名，三甲三一六名。〔註55〕

一、山陰縣縣令（1571～1575）

貞明高中隆慶五年進士，授職浙江紹興府山陰知縣，〔註56〕治理縣政秉持著「不擾民」爲原則，甫到任即到田畝間探訪人民疾苦所在，對於往常違法亂紀的盜賊奸人，設法約束管理。過去眾多的訴訟與細如牛毛的案件，在貞明這位父母官的治理下，精核民事，凡財賦支出收入均具體掌握，讓想從中漁利的官吏們無法施展其奸計，也使得須如期服公役的百姓不敢逾期，〔註57〕並表揚縣中公正無私者，做爲揚善止惡的楷模，締造刑法不施加於百姓、官員不敢竄改公牒、心存僥倖者無法賄賂吏員、沒有吏卒勒索租稅的安和之境。〔註58〕

貞明任官山陰縣令期間，造福百姓最大的公共工程建設是萬曆二年（1574）修築白洋口海塘。〔註59〕在萬曆二年以前，山陰縣已有修建海塘，貞明所修者屬山陰後海塘的一部分，在當時紹興府城北四十里瀕臨大海，縱跨清風與安昌（今浙江紹興縣西北安昌鎮）兩鄉，〔註60〕建築海塘的目的乃是爲維護後海（今杭州灣）南方，稽北丘以北和以東，曹娥江〔註61〕以西範

〔註54〕清・張廷玉等，《明史》，卷223，〈列傳第一百一十〉，頁5881。潘榮勝主編，《明清進士錄》（北京：中華書局，2006年3月第1版第1刷），頁514。

〔註55〕明・王世貞，《弇山堂別集》（北京：中華書局，1985年12月第1版第1刷），卷83，〈科考三〉，頁1584。潘榮勝主編，《明清進士錄》，頁1204。

〔註56〕明・李之盛編，《皇明應諡名臣備考錄》，卷9，〈徐貞明〉，頁28上。

〔註57〕明・李之盛編，《皇明應諡名臣備考錄》，卷9，〈徐貞明〉，頁28上。

〔註58〕明・張元忭，《張陽和先生不二齋文選》，卷4，〈山陰徐侯生祠碑〉，頁56上～57上。

〔註59〕明・蕭良幹、張元忭等纂修，《紹興府志》（《四庫全書存目叢書》史部200，臺南：莊嚴文化事業有限公司，1996年8月初版1刷，據北京師範大學圖書館藏明萬曆刻本），卷17，〈水利志二〉，頁3上。

〔註60〕明・蕭良幹、張元忭等纂修，《紹興府志》，卷17，〈水利志二〉，頁2下。

〔註61〕古稱柯水，又名上虞江，別稱東小江。錢塘江下游最大支流。上游澄潭江源出今浙江磐安縣北大盤山，北流經新昌、嵊縣、上虞三市縣，到上虞、紹興二市邊境注入錢塘江，長192公里。詳參：史爲樂主編，《中國歷史地名大辭

圍內（見圖 2-1）的農田水利與人民生命財產安全。〔註62〕

　　早在春秋時代晚期，山陰平原上的吳越兩國已相當重視海塘的重要性，吳王闔閭（？～496B.C）就對此地江海之害深以為憂，向伍子胥（526B.C～489B.C）曰：

　　　　吾國僻遠，顧在東南之地，險阻潤濕，又有江海之害，君無守禦、民無所依；倉庫不設、田疇不墾，為之奈何？〔註63〕

越王勾踐（？～464B.C）曾問治術於計倪，計倪答曰：

　　　　人之生無幾，必先憂積蓄，……必先省賦斂，勸農桑。饑饉在問，或水或塘，因熟積以備四方。〔註64〕

又《越絕書》卷八有這樣的紀錄：

　　　　石塘者，越所害軍船也。塘廣六十五步，長三百五十三步，去縣四十里。〔註65〕

可見早在春秋晚期戰國初期，山會平原對於築塘防潮的工程已相當重視。後漢時期，太守馬臻亦曾在山陰縣築塘。〔註66〕唐代垂拱二年（垂拱為武則天年號，垂拱二年即西元 686 年）於山陰縣開始修堤五十里，闊九尺，因與蕭山縣分界，稱之為「界塘」。〔註67〕會稽東北方四十里有防海塘，自上虞江抵山陰百餘里之長，用來畜水溉田之用；唐玄宗開元十年（722），令李俊之增修海塘；唐代宗大曆十年（775）觀察使皇甫溫、唐文宗大和六年（832）李左次前後增修之。〔註68〕南宋寧宗嘉定六年（1213），有臣僚向宋寧宗建議浙東海塘的重要性：

典》，頁 2327。

〔註62〕車越喬、陳橋驛，《紹興歷史地理》（上海：世紀出版集團、上海書店出版社，2001 年 6 月第 1 版第 1 刷），頁 31～32。

〔註63〕漢・趙曄，《吳越春秋》（臺北：臺灣商務印書館，民國 64 年 6 月臺三版，據上海商務印書館縮印弘治鄺璠刻本），卷 4，〈吳越春秋闔閭內傳第四〉，頁 19。

〔註64〕佚名，《越絕書》（《四部叢刊初編縮本》，臺北：臺灣商務印書館，民國 64 年 6 月臺三版，據上海商務印書館縮印弘治鄺璠刻本），卷 4，〈越絕計倪內經第五〉，頁 19。

〔註65〕佚名，《越絕書》，卷 8，〈越絕外傳記地傳第十〉，頁 40。

〔註66〕宋・孔延之編，《會稽掇英總集》（《文淵閣四庫全書》集部 284，臺北：臺灣商務印書館，民國 74 年 12 月初版），卷 19，〈山陰縣朱儲斗門記〉，頁 15 上。

〔註67〕宋・施宿等，《會稽志》，（《文淵閣四庫全書》史部 244，臺北：臺灣商務印書館，民國 73 年 7 月初版）卷 10，〈水〉，頁 44 上。

〔註68〕宋・歐陽修等，《新唐書》（臺北：鼎文書局，民國 68 年 2 月 2 版），卷 41，〈地理五〉，頁 1061。

> 竊聞浙東之田其旁海者，常有海潮衝蕩之患，……故防海潮者在於
> 修築隄岸；防水潦者在於疏刷河港，乞戒飭紹興守臣趁此農隙，立
> 限了畢。所修白洋石塘不得並緣科擾，其餘姚八鄉濱海之塘，逐急
> 差官相視，修疊土塘以防近患，仍照白洋體例，一□商議修築石塘
> 以利水久。〔註69〕

又《紹興府志・水利志》云：

> 山陰後海塘……瀕大海，宋嘉定六年潰決，五千餘丈田廬漂沒，轉
> 徙者，二萬餘戶；斥鹵漸壞者，七萬餘畝，守趙彥倓請于朝……重
> 築兼修補者，共六千一百二十丈。〔註70〕

可見海塘修建是爲維護農田水利與人民生命財產安全。車越喬、陳橋驛在《紹
興歷史地理》一書中說：

> 修塘的目的是爲了抵禦後海的鹹潮，拒鹹的另一方面也就是爲了蓄
> 淡。因爲必須要有充足的淡水，才能使農田得到及時的灌溉。爲此，
> 自永和（後漢順帝年號）以後，（山會平原）北部海塘的漸趨完整，
> 就更進一步改善了山會平原的農田水利條件。〔註71〕

這也說明修塘的同時，需要配合山會平原水資源的開發運用，如同明末清初
清代顧炎武（1613～1682）在《天下郡國利病書》中就佐證此點：

> 唐宋以來，後海北塘成，蓄水于北塘之南，塘之北者在會稽有三大
> 湖：一曰賀家池、一曰俞林大坂蕩、一曰東大池；在山陰有三大湖：
> 一曰青田、一曰瓜滋、一曰狹楮；在蕭山有一大湖，曰湘湖，灌田
> 共數十萬頃。〔註72〕

貞明無論在縣政的治理上或海塘修復方面，均做出巨大的貢獻，讓人民免於
人禍與天災的威脅，可謂一位克盡職責的父母官。《浙江通志》對貞明五年內
（隆慶五年至萬曆三年，1571～1575）的縣政做出了簡單的評語：

> 抑豪強、扶善良、緩科勸農以至葺官路、築海塘，不取行舖、不差公

〔註69〕 楊家駱主編，《宋會要輯本》（臺北：世界書局，民國53年6月初版），第152
　　　　 冊，〈水利四〉，頁38下～39上。

〔註70〕 明・蕭良幹、張元忭等纂修，《紹興府志》，〈水利志二〉，頁2下。

〔註71〕 車越喬、陳橋驛，《紹興歷史地理》，頁129～130。

〔註72〕 清・顧炎武，《天下郡國利病書》（《四部叢刊廣編》，臺北：臺灣商務印書館，
　　　　 民國70年二月初版，據上海涵芳樓景印崑山圖書館藏稿本），第22冊，〈浙
　　　　 江下〉，頁51上。

勾，不畏勢閥、不避上官，舉士之公正者，爲民導善止惡及。〔註73〕
在山陰縣令爲官五年，於萬曆三年七月轉任工科給事中。〔註74〕離去之日，
山陰百姓送行者達萬人之多，「民皆泣，送輿馬擁不能行」，〔註75〕「自邑門
而達于江，遮不得行者百里，有渡江守數日而返者，返而復往者，涕濕襟者、
哭失聲者、舉酒悲悲而不得飲者。」〔註76〕爲貞明立生祠於縣城的迎恩門外。
〔註77〕三年後（萬曆六年，1575），張元忭爲山陰縣父老所請，爲其生祠撰寫
碑文，遂有〈山陰徐侯生祠碑〉留芳於後世。〔註78〕

圖 2-1：明代山陰縣海塘示意圖

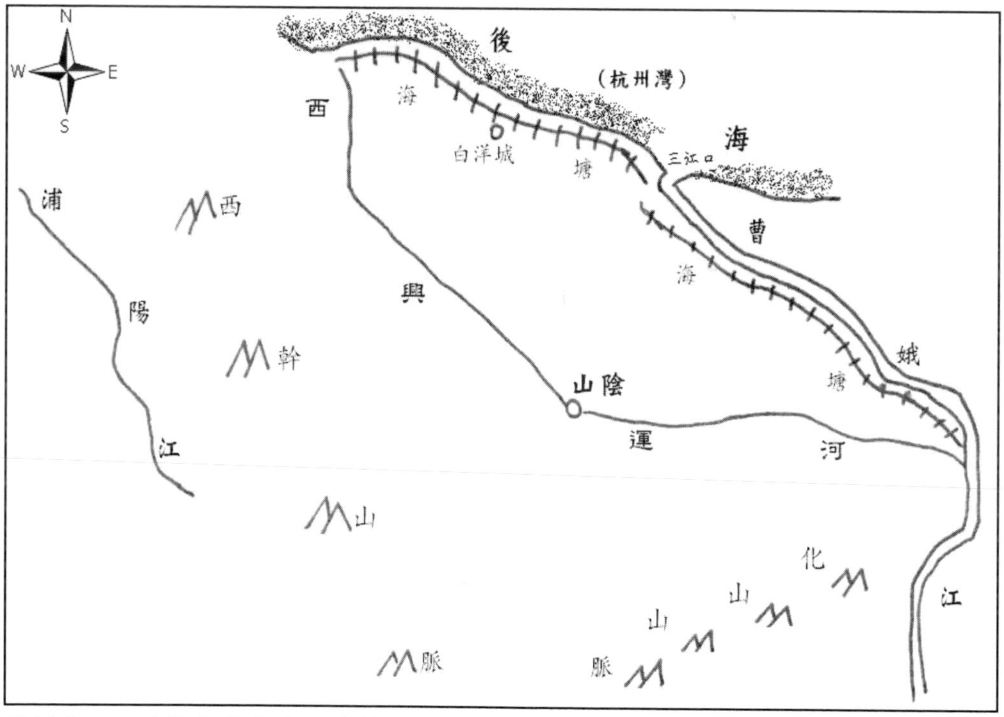

資料來源：改繪自車越喬、陳橋驛，《紹興歷史地理》，頁160。

〔註73〕清・徐元梅修；朱文翰等編，《嘉慶山陰縣志》，卷12，〈名宦〉，頁6上。
〔註74〕明・不著撰人，《明神宗實錄》，（京都：中文出版社，1984年5月，據中央研究
　　　　院歷史語言研究所民國51年刊本縮印），卷40，萬曆三年七月乙丑條，頁5下。
〔註75〕清・嵇曾筠等監修；沈翼機等編纂，《浙江通志》，卷153，頁43下。
〔註76〕明・張元忭，《張陽和先生不二齋文選》，卷4，〈山陰徐侯生祠碑〉，頁57上。
〔註77〕清・顧炎武，《天下郡國利病書》，第22冊，〈浙江下〉，頁51上。
〔註78〕明・張元忭，《張陽和先生不二齋文選》，卷4，〈山陰徐侯生祠碑〉，頁55下
　　　　～56上。

二、工科給事中（1575～1576）

萬曆三年（1571）七月，貞明由山陰縣令轉任工科給事中，官秩仍爲正七品。〔註79〕明代六科（吏、戶、禮、兵、刑、工六科）是一獨立機構，與各衙門不相統屬，〔註80〕職「掌侍從、規諫、補闕、拾遺、稽察六部百司之事。凡制敕宣行，大事覆奏，小事署而頒之；有失，封還執奏。凡內外所上章疏下，分類抄出，參署付部，駁正其違誤。」工科者，「閱試軍器局，同御史巡視節愼庫，與各科稽查寶源局。而主德闕違，朝政失得，百官賢佞，各科或單疏專達，或公疏聯署奏聞」。〔註81〕雖然六科的任務並非明代始創，但卻是特別獨立出來的獨立機構：

> 秦始置給事中，漢因之，唐定爲四員，宋制：凡制敕有所不便，準故事封駁。臣（丘濬）按給事中自秦以來爲加官，至宋元豐中，始有定職，其職專以封駁而已。我朝始分爲六科，科設都給事中，左右給事中，給事中隨其科事繁簡而設員。凡章奏出入咸必經由，有所違失牴牾更易紊亂，皆得封駁，不特此也；凡朝政之得失，百官之賢佞，皆許聯署以聞，蓋實兼前代諫議補闕拾遺之職也。祖宗設官，不以諫諍名官，欲人人皆得以盡其言也，而又專寓其責於科道，吁！四海無不可言之人，百官無非當言之職，又於泛然散處之中，而寓隱然專責之意，祖宗設官之意深矣，求言之意切矣。〔註82〕

明代和唐宋諫官制度的最大不同是：

> 前代宰相行事，諫官無由得知，今則六部之事，無一不經於六科則，雖不必隨大臣入閣議事，當其章疏初入之時，制敕始出之際，則固可以先事而諫矣。〔註83〕

明代雖繼承前代諫官制度遺意，卻又有極大創新，既不屬於任何機構的獨立機構，可避免直屬長官的壓力，行「朝政之得失，百官之賢佞，皆許聯署以聞」的權利，又可在「章疏初入之時，制敕始出之際」事先諫言，而非行政長官行事，「諫官無由得知」的弊病。另一方面，六科給事中爲正七品官員，

〔註79〕 清‧張廷玉等，《明史》，卷74，〈職官二〉，頁1805。

〔註80〕 張顯清、林金樹主編，《明代政治史》（廣西：廣西師範大學出版社，2003年12月第1版第1刷），頁498。

〔註81〕 清‧張廷玉等，《明史》，卷74，〈職官二〉，頁1805～1806。

〔註82〕 明‧丘濬，《大學衍義補》（《文淵閣四庫全書》子部18，臺北：臺灣商務印書館，民國74年2月初版），卷8，〈治國平天下之要〉，頁8上～9上。

〔註83〕 明‧丘濬，《大學衍義補》，卷8，〈治國平天下之要〉，頁9下。

可防範六科因掌「封駁」與「朝政之得失，百官之賢佞」而坐大，這可以說是明代在「掌侍從、規諫、補闕、拾遺、稽察六部百司之事」一大進步。

貞明在工科給事中任內，於萬曆三年十一月，上勾軍與發展西北水利二議。〔註84〕同年十二月，因入獄探視同為隆慶五年進士，萬曆三年被命為河南道監察御史傅應禎，而被貶為太平府知事。〔註85〕

貞明遭貶官為太平府知事，起因於張居正柄政時期舉行全國性的改革：「尊主權、課吏實、明賞罰、一號令」。〔註86〕此外，更以內閣來控制六科，雖說以六科來控制六部，本是明代祖制，但是以內閣控制六科，卻是張居正的一種創制，〔註87〕「居正創為是說，不過欲制脅科臣總聽已」。〔註88〕

然而許多御史在張居正看來卻是常濫用職權，凌辱地方官員，對此張居正深為痛恨，欲加以整治，〔註89〕因此對言官們常加以責詰，這引起了諸多的御史與給事中的不滿，〔註90〕可從《五茸志逸・江陵相公》略知一二：

> 曹介人述江陵相公鈐束臺省，臺省不敢揚眉吐舌，絕無一人輕言說者。士人因編一謔語云：「江陵謂選郎科道最難得人，即如孔門四科，未必人人可用。文選曰：『德行如回何如？』張公曰：『回也於我言無所不說（借讀言說之說），未可用也。』『文學如商何如？』張公曰：『商也入門聖道而說，出見紛華而說，未可用也。』『政事如求何如？』張公曰：『非不說子之道，未可用也。』『然則政事如由然

〔註84〕明・不著撰人，《明神宗實錄》，卷44，萬曆三年十一月乙酉條，頁5下～6上。徐貞明勾軍議於本章第三節討論，至於西北水利議為本論文重點，於本論文第三、四章討論。

〔註85〕清・張廷玉等，《明史》，卷223，〈列傳第一百一十〉，頁2281。

〔註86〕明・王世貞，《嘉靖以來首輔傳》（《文淵閣四庫全書》史部210，臺北：臺灣商務印書館，民國73年7月），卷7，頁10下～11上。《明史》為「尊主權、課吏職、信賞罰、一號令」，詳參：清・張廷玉等，《明史》，卷213，〈列傳第一百一〉，頁5645。

〔註87〕朱東潤，《張居正大傳》（天津：百花文藝出版社，2001年4月第1版第3刷），頁193。

〔註88〕明・吳亮輯，《萬曆疏鈔》（《四庫禁毀書叢刊》史部59，北京：北京出版社，2000年1月第1版第1刷，據山西大學圖書館藏明萬曆三十七年刻本），卷18，劉臺〈懇乞聖明節收輔臣權勢疏〉，頁8下～9上。

〔註89〕清・張廷玉等，《明史》，卷213，〈列傳第一百一〉，頁5645。

〔註90〕樊樹志，《晚明史（1573～1644年）》（上海：復旦大學出版社，2003年10月第1版第1刷），頁252。

但恐其好勇耳。』張公曰：『子見南子，子路不說。盡可用、盡可用。』

文選唯□而退。」此雖謔，可當臺省□弦否。〔註91〕

這段話雖爲謔語，但仍可反映出當時文人們對張居正鈐束言官言論的反諷。

　　首次上疏敢批評張居正者，爲「抗勁喜事者」〔註92〕南京戶科給事中余懋學（1511～1582）。余懋學以萬曆帝方因憂心旱災之事，下詔罪己，與百官共同祭禱消災。張居正卻在此時獻上四首〈白燕曲〉〔註93〕：

白燕飛，兩兩玉交輝。生商傳帝命，送喜傍慈闈。有時紅藥皆前過，

帶得清香拂繡幃。

白燕來，呈瑞向瑤臺。映日靈姿璨，淩風雪翼開。春長花發春宮裡，

弄影雙飛日幾迴。

白燕翔，素影落銀塘。交飛紅菡萏，遙應紫鴛鴦。太平景物先呈兆，

燕喜年年樂未央。

白燕舞，日照葵心午。輕穀翦躚衣，清歌諧細語。感德蹌蹌儀舜庭，

呈祥翯翯來文囿。〔註94〕

爲此，余懋學在萬曆三年二月特別以：（一）存惇大：寬嚴相濟，政是以和；（二）親謇諤：皇帝須虛以受言，廣求諸道；（三）慎名器：主恩不濫而激勸人心；（四）戒紛更：政有常經而國是定民志一矣；（五）防諛佞：輔臣知心必不以敘功爲當然，仰窺陛下之心亦必不以賞功爲美事。〔註95〕希冀明神宗能予採納，則「惇大之治、宏謇諤之氣，振名器而人知勸、分更息而法不紊；

〔註91〕明・吳履震，《五茸志逸》（臺北：成文出版社，民國72年3月臺1版，據明・吳履震明代手抄本影印），頁491～492。

〔註92〕王世貞，《嘉靖以來首輔傳》，卷7，頁14上。

〔註93〕雖《明史》中載「張居正當國，進白燕白蓮頌」、《萬曆邸鈔》萬曆四年丙子卷載「獻白燕、白蓮」與劉臺〈懇乞聖明節收輔臣權勢疏〉載「爲固寵計現白燕、白蓮」。但查《張文忠公全集》並無〈白蓮頌〉，僅有〈白燕曲〉，因此張居正是否進呈萬曆帝〈白蓮頌〉有待商榷。詳參：清・張廷玉等，《明史》，卷235，〈列傳第一百二十三〉，頁6119。明・不著撰人，《萬曆邸鈔》（學生出版社，臺北：古亭書屋發行，民國57年9月景印初版），萬曆四年丙子卷，頁34。明・吳亮輯，《萬曆疏鈔》，卷18，劉臺〈懇乞聖明節收輔臣權勢疏〉，頁9下。明・張居正，《張文忠公全集》（京都：株式會社中文出版社，1980年1月，據清光緒朝刻本影印），頁705。

〔註94〕〈白燕曲四首〉收錄於：明・張居正，《張文忠公全集》，卷41，頁705。

〔註95〕明・吳亮輯，《萬曆疏鈔》（《四庫禁燬書叢刊》史部58，北京：北京出版社，2000年1月第1版第1刷，據山西大學圖書館藏明萬曆三十七年刻本），卷1，余懋學〈陳五議以裹化理疏〉，頁16上～17上、19上～21下。

諛習既除,士風斯正」〔註96〕!

為人君者,豈容臣下直言批評;權傾朝野的改革者,又豈因一人愷切之辭斷送?不久,萬曆帝為自己與老師的辯詞隨即而下:朕以幼小的年紀繼承皇位,恪遵祖宗成法,而近年所屬行者,不過是申明早已遭人遺忘舊有制度,況且實行未久,且過程中,未曾殺戮一人,做錯一事,怎能稱之為操之太切?余懋學身居言官之職,卻不能體恤朝廷勵精圖治,假借惇大之辭,邀買人心、禍亂朝政,依律論治,念在你(余懋學)是位言官,從寬,革職為民,永不敘用。〔註97〕為此,萬曆帝還表現了自身是一位能接納諫言的明君,只是余懋學的言詞已是危害整個朝政,不得不「依律論治,革職為民,永不敘用」。這就是萬曆帝的從寬論治與永不敘用的接納余懋學諫言的明君與首輔的決斷,余懋學成為諫言的犧牲者。

踵繼上言者,則為河南道監察御史傅應禎,當時張居正操朝政大權欲擅威儡天下,而時雷震端門鴟吻,正晝地震,傅應禎乃上疏〈披血誠陳膚議以光聖治疏〉言三事:〔註98〕

> 一曰:常存敬畏以純君德。……臣聞今歲雷震端門,獸吻地震於京師直省者,…未曾見皇上下修省一詔以回天意,晏然如處無事,豈真以天變不足畏乎?要亦靖天之心未純也。……陛下不能納科道之諫必欲差往,奈何甘心效中朝失德之故,豈真以祖制不足法乎?要亦法祖之心未純也。近聞戶科給事中朱東光陳言保治,不過一二語直切時事,猶未若古人言之解衣危論、折檻抗疏也。幾於觸犯雷霆本又留中,豈真以人言不足恤乎?要亦側席求言之心未純也。夫三不足之說,王安石所以誤神宗,陛下肯自誤也!?
>
> 二曰:請蠲逋稅以蘇民困。臣嘗今日之財用遡觀世廟之時勢,其不能解者三:彼其時倭虜交侵,兵馬糧餉日費不貲,其積逋之挖括未甚也。今天下蠻夷納款、酋惡授首,仍不免於積逋之追此,臣之未解一也;鼎修宮闕大役繁興,採木鑿石萬里輸轉,其積逋之挖括未

〔註96〕明・吳亮輯,《萬曆疏鈔》,卷1,余懋學〈陳五議以裏化理疏〉,頁21下。

〔註97〕明・不著撰人,《明神宗實錄》,卷35,萬曆三年二月庚辰條明,頁4下～7上。明・不著撰人,《萬曆邸鈔》,萬曆三年乙亥卷,頁15。

〔註98〕明・趙用賢,《松石齋集》(《四庫禁燬書叢刊》集部41,北京:北京出版社,2000年1月第1版第1刷,據明萬曆刻本),卷17,〈明南京大理寺寺丞贈大理少卿慎所傅公墓誌銘〉,頁12上。明・吳亮輯,《萬曆疏鈔》,卷1,余懋學〈陳五議以裏化理疏〉,頁16上～17上、19上～21下。

甚也，今皇上專心節省、絕意營繕，乃不免於積逋之追此，臣之未解二也；嚴嵩當國，鬻爵賣官，盡天下之金寶奇貨塡入私門，其時民力猶未告匱也，今則昭明公道、秉絕私交而閭閻反覺空虛，何哉？此臣之未解三也；三曰：敍用言官以開忠讜、臺諫者，則又朝廷之耳目咽喉攸繫也，耳目稍有所壅蔽，則聰明弗廣；咽喉稍有所扼塞，則氣脈不宣，臺諫一不得其職，其爲元首之害匪渺鮮矣。是故聖王賞諫臣非利之也。……南京給事中余懋學條陳五事，直切時政，其間不無指摘太過之弊，皇上將余懋學禁錮終身不使再用，無非寓仁恕於懲創之內，使言者愼重而不敢輕也，遠近臣民不悟聖意遂謂皇上之諱直言如此，其逐諫官又如此相與私相感嘆。……近日李盛春之請朝賀；朱東光之請防微幾於不免不有明徵乎？夫懋學二臣雖未敢即定其人品爲何，如緣其事而諒其心，實欲效忠，乃不免譴責焉。藉使他日載諸史冊，彼二臣者以諫見逐猶不失美名，皇上因諫而逐二臣，後世將謂爲何如主哉？此臣寢食不寧不暇爲二臣惜，急欲爲皇上惜也。〔註99〕

雖說傅應禎上疏係針對當時朝政所下的一帖刀石良方，卻忽略良藥要發揮其功效最基本的要求是患者肯服食，但傅應禎的〈披血誠陳膚議以光聖治疏〉，開始就以「天變不足畏、祖制不足法、人言不足恤」、「三不足之說，王安石所以誤神宗」提點皇帝不可自誤。疏中所言王安石誤宋神宗，當時張居正是萬曆皇帝老師，又是屬行改革時期，在張居正眼中看來，此疏正是以古代王安石暗諷今朝的張居正。其三：敍用言官以開忠讜。先前余懋學上疏〈陳五議以襄化理疏〉是「欲效忠，乃不免譴責」，所以「他日載諸史冊，猶不失美名」，若「皇上因諫而逐，後世將謂爲何如主哉？」雖說「寢食不寧不暇」都是爲了皇帝，但言下之意是：明神宗若不赦免余懋學等人，就是一位不能接納建言的昏君，就算現在無人可制裁皇帝，史書將會如實的記下，留給後人評斷，一方面暗責明神宗是一位不能聽諫的昏君，另一方面顯然示以史書威脅明神宗。旋對傅應禎的懲處迅疾而下。

　　在君主至上的明代，皇權又豈容臣權挑戰、威脅，甚至提出天人感應「天變不足畏」等言辭要皇帝下詔罪己，進而以事載史書牽制皇帝抉擇。因此張

〔註99〕明・吳亮輯，《萬曆疏鈔》，卷1，傅應禎〈披血誠陳膚議以光聖治疏〉，頁23上下、24下、26上～27上、28下～29上。

居正大怒，調旨嚴切的指責，並以其言詞替余懋學辯解的理由，執之下獄。
〔註 100〕萬曆四年（1572）正月，明神宗御文華殿講讀結束時，還不忘對張
居正提及：「傅應禎以三不足之說訕朕，朕欲廷杖之，先生不肯何也？」張
居正對曰：「聖德寬厚，海內皆知，無知小人何須介懷，且聖旨一出，人心
亦當有所警戒，無再敢有妄言者。國家大事或寬或嚴、行仁行義，均由聖上
聖裁之。」明神宗反問身旁的文淵閣大學士呂調陽、東閣大學士張四維（1526
～1585）：「昨文書房持應禎疏到閣，兩位先生何故不出一語？須同心報國，
不得避忽。」〔註 101〕足見明神宗對傅應禎的震怒。傅應禎在獄中被錦衣衛
嚴酷拷訊，貞明職掌工科給事中卻赤腳闖獄門營護進粥藥，〔註 102〕恰好偵
巡者到來，詢問，其他人俱鳥獸散，惟獨徐貞明留下，並說：「聖朝無殺言
臣體，上如問，請以徐貞明對。」〔註 103〕接著，廣東道御史李楨、陝西道
御史喬嚴也到獄中探視傅應禎，貞明、李楨與喬嚴等三人為張居正所派錦衣
衛余蔭所偵，三人盡遭到貶謫懲處，〔註 104〕徐貞明遭貶官為南直隸太平府
（轄境相當今安徽馬鞍山、當塗、蕪湖、繁昌等市縣地）知事，正九品官。
〔註 105〕傅應禎亦遭判謫戍定海衛，終身不得敘用。〔註 106〕

三、貶官到逝世（1576～1590）

　　貞明遭貶官，其志開發西北水利與改革班軍二議不得抒展，乃於就任太
平府知事路途中，將開發水利所欲言者，藉由主客對談筆法，寫下《潞水客
談》一書以明其志。〔註 107〕萬曆五年（1573），貞明陞湖廣漢陽府（轄境約當

〔註 100〕清・張廷玉等，《明史》，卷 235，〈列傳第一百十七〉，頁 5995。
〔註 101〕明・不著撰人，《明神宗實錄》，卷 46，萬曆四年正月庚子條，頁 1 上。明・
　　　　不著撰人，《萬曆邸鈔》，萬曆四年丙子卷，頁 26～27。
〔註 102〕明・趙用賢，《松石齋集》，卷 17，〈明南京大理寺寺丞贈大理少卿慎所傅公
　　　　墓誌銘〉，頁 12 下。
〔註 103〕明・鄒元標，《願學集》，卷 5 下，〈前雲南左布政詔贈光祿卿波石徐公前給事
　　　　中尚寶司卿兼監察御史孺東徐公祠堂記〉，頁 26 上下。
〔註 104〕明・于慎行，《穀山筆麈》（北京：中華書局，1997 年 11 月第 1 版第 2 刷），頁 43。
〔註 105〕清・張廷玉等，《明史》，卷 223，〈列傳第一百一十〉，頁 5881；卷 75，〈職
　　　　官四〉，頁 1849。清・黃桂修、宋驤纂，《太平府志》（臺北：成文出版社，
　　　　民國 63 年 12 月臺 1 版，據清康熙十二年修光緒二十九年重刊本），卷 15，〈職
　　　　官二〉，頁 18 下。
〔註 106〕明・趙用賢，《松石齋集》，卷 17，〈明南京大理寺寺丞贈大理少卿慎所傅公
　　　　墓誌銘〉，頁 12 下。
〔註 107〕軍班問題將於下節探討；開發西北水利問題是本論文探討重點，將於下兩章
　　　　詳細探討之。

今湖北武漢市漢陽區、蔡甸區及漢川縣地）推官，正七品。〔註108〕再歷浙江處州府（轄境當今浙江青田縣以西之甌江流域）推官，〔註109〕不久，陞兵部職方司主事，正六品。〔註110〕萬曆十一年（1583）十月，再命貞明爲尚寶司司丞，正六品。〔註111〕

國璽爲朝代象徵，歷代皆設有專官掌管。明太祖朱元璋即位後，獨立設置尚寶司，置卿、少卿、司丞等三級官員負責，且又於禁中設立尚寶監，負責國璽傳遞與監視尚寶用寶。〔註112〕洪武十七年（1834 年），太祖鑒前代宦官之失，置鐵碑高三尺，上面鑄「內臣不得干預政事」在宮門內，〔註113〕並命令諸司不得與內官監文移往來。明成祖亦曾經說過：「朕恪遵太祖遺訓，無御寶文書，就算是一軍一民，中官皆不得擅自調發。」〔註114〕明太祖〈尚寶卿誥〉：「寶乃乾符也，昔列聖握而統寰宇，故爲神器，特謹以示信。然非忠勤無僞之士，安可職於尚寶者耶。」〔註115〕其主要職責爲凡朝廷大禮頒詔天下，翰林院官先撰寫詔文，請旨裁定，付中書舍人書寫，尚寶司用寶，〔註116〕而其寶皆由內尚寶女官掌管，遇到需要用印之時，則由尚寶司以揭帖赴尚寶監請旨，然後赴內司領取，〔註117〕足見用印時的層層關卡與用印的謹愼。而尚寶監的職責和尚寶司不同，主要由太監監令掌御寶，晝夜均於內宮門聽候，所掌匙鑰不得離身，凡有動止，謹護御寶。〔註118〕

〔註108〕清・張廷玉等，《明史》，卷 75，〈職官四〉，頁 1849。
〔註109〕明・蕭彥等，《掖垣人鑑》，卷 16，〈徐貞明〉，頁 8 上。明・李之盛編，《皇明應諡名臣備考錄》，卷 9，〈徐貞明〉，頁 28 下。
〔註110〕清・張廷玉等，《明史》，卷 72，〈職官一〉，頁 1750。
〔註111〕清・張廷玉等，《明史》，卷 74，〈職官三〉，頁 1803。明・李之盛編，《皇明應諡名臣備考錄》，卷 9，〈徐貞明〉，頁 28 下。明・不著撰人，《明神宗實錄》，卷 142，萬曆十一年十月癸亥條，頁 5 下。
〔註112〕方弘仁，〈明代之尚寶司與尚寶監〉，《明史研究專刊》，第 3 期，民國 72 年 9 月出版，頁 101。
〔註113〕清・谷應泰，《明史紀事本末》，卷 29，頁 446。
〔註114〕清・張廷玉等，《明史》，卷 75，〈職官三〉，頁 1826。
〔註115〕明・明太祖撰，姚士觀、沈鈇編校，《明太祖文集》（《文淵閣四庫全書》集部162，臺北：臺灣商務印書館，民國 74 年 12 月初版），卷 4，〈尚寶卿誥〉，頁 14 上。
〔註116〕明・黃佐，《翰林記》（《叢書集成初編》，北京：中華書局，1985 年北京新 1版，據嶺南遺書本），卷 15，〈齋詔用寶〉，頁 191。
〔註117〕明・劉若愚，《明宮史》（《叢書集成初編》，北京：中華書局，1991 年北京第 1版，據學津討原本排印），〈木集〉，頁 24。
〔註118〕黃彰健，〈論皇明祖訓錄所記明初宦官制度〉，《中央研究院歷史語言研究所集

　　萬曆十三年（1585）三月，由於工科都給事中王敬民疏薦貞明，皇上特加貞明為尚寶司少卿，〔註119〕從五品。〔註120〕萬曆十三年九月，皇帝命貞明以尚寶司卿兼監察御史領墾田使，〔註121〕開始開發西北水利的工程。隔年，萬曆十四年（1586）三月，由於福建道監察御史王之棟上疏開發西北水利十二害，明神宗不察，遂停罷貞明西北水利開發，官復原職尚寶司少卿。〔註122〕七月，貞明請假遷葬。〔註123〕萬曆十八年（1590），貞明逝世，〔註124〕葬於五鳳山（在今江西省境內）。〔註125〕

　　貞明任官以來，即以人民國家之事為優先，職山陰縣令時，以「不擾民」為原則，精核民事，廓清吏治，尤以修築已圮海塘，使人民免於生命財產的威脅，山陰縣農田水利免於潮患，為父母官勞苦功高之蹟，永銘於山陰縣民之心，離職轉陞工科給事中時，人民不捨之情，表露無遺，並為貞明建生祠。於諫垣職官為時甚短，但仍憂心國事，上疏〈亟修水利以預儲蓄酌議軍班以停勾補疏〉亟言開發西北水利以舒東南漕運與停軍班讓人民免於勾攝之擾，其志未伸，因探視同年傅應禎獄遭貶官，遂著作《潞水客談》一書以明其志。後來貞明為官是一位「忠勤無偽之士」，得職尚寶司臣、少卿等職。尚寶少卿時，發展西北水利，雖為時僅約八個月，但頗有成效，對後世也造成不少的影響，可以說是明代遷都北京以來，為解決西北糧餉問題開發西北水利以舒東南民困，並著書立言的理論與實踐者。

　　另外，尚值得一提的是，貞明雖為官在外，但仍關心桑梓之事。因鄉親汪一源早逝，家貧遺留妻方氏與遺腹子，方氏獨自撫養遺腹子，並勤苦紡織以侍奉舅姑，讓貞明贊曰：「無夫何倚？無田何籽？有舅與姑未可死，孤燈辟纑以易甘旨，聊慰尊人撫遺腹子，柏舟之詠庶幾可擬。」〔註126〕

　　　　刊》，第32本，民國50年7月，頁77。
〔註119〕明・不著撰人，《明神宗實錄》，卷159，萬曆十三年三月壬辰條，頁5上。
〔註120〕清・張廷玉等，《明史》，卷74，〈職官三〉，頁1803。
〔註121〕明・不著撰人，《明神宗實錄》，卷159，萬曆十三年九月丁丑條，頁2下。
〔註122〕明・不著撰人，《明神宗實錄》，卷172，萬曆十四年三月丙辰條，頁17上。
〔註123〕明・不著撰人，《明神宗實錄》，卷176，萬曆十四年七月丁巳條，頁15下。
〔註124〕清・張廷玉等，《明史》，卷223，〈列傳第一百十一〉，頁5885。
〔註125〕清・高駿生等纂修，《貴溪縣志》，卷1，〈地輿志〉，頁55下。
〔註126〕清・高駿生等纂修，《貴溪縣志》，卷6，〈人物志〉，頁87上。

第三節　治理勾軍

一、軍戶溯源

　　國家賦役制度的制定須建立在明確完整戶籍制度上。明代戶籍分類極為嚴格，不許妄自變亂，違者治罪，〔註127〕主要是確保軍隊的來源不虞匱乏。而軍戶的來源主要有：

> 有從征，有歸附，有謫發。從征者，諸將所部兵，既定其地，因以留戍。歸附，則勝國及僭偽諸降卒。謫發，以罪遷隸為兵者。其軍皆世籍。〔註128〕

章潢（1527～1608）《圖書編》釋意軍戶：

> 從征者，諸將素將之兵也，平定其地有留戍者矣；歸附者，元之故兵，與諸僭偽者之兵也，舉部來歸有仍其伍號者矣；調發，則以罪人籍選拔之編戶。途不一也。〔註129〕

這些軍戶平時被編列在各地的衛所耕田，遇到戰事的時候，再由皇帝命令將領統帥衛所軍隊出征，戰爭結束時，將領將佩印繳回朝廷，軍隊回歸各個衛所，得唐代府兵制度遺意，〔註130〕主要特點有：（一）明代軍隊的數量有較元代跨越式的增加；（二）在從征、歸附、謫發、垛集四類主要集軍方式中，相互之間並不完全獨立，而是互有交叉，而且謫發軍、垛集軍是單獨管理，不與從徵、歸附相雜，且須從頭開始訓練，因而歸附軍是明初衛所軍的主力部隊；（三）明朝政府集軍與清查戶口、確定戶役等國家政策相兼進行；（四）明朝政府施政沒有全局觀念，致使軍戶比例在不同地區有相當大的差異，對各地區的均衡發展造成相當障礙。〔註131〕然而，這裡必須理清一下的是，為

〔註127〕明・李東陽撰、申時行修，《大明會典》（臺北：新文豐出版股份有限公司，民國65年7月初版，據明萬曆十五年司禮監刊本景印），卷19，〈戶口一〉，頁19上。

〔註128〕清・張廷玉等，《明史》，卷90，〈兵二〉，頁2193。另有關明代軍戶的來源請詳參：張金奎，《明代衛所軍戶研究》（北京：綫裝書局，2007年5月第1版第1刷），頁20～50。

〔註129〕明・章潢，《圖書編》（《文淵閣四庫全書》子部278，臺北：臺灣商務印書館，民國74年6月初版），卷117，〈軍籍抽餘丁議〉，頁18下。有關軍戶來源可詳參：王毓銓，《明代的軍屯》（北京：中華書局，1965年6月第1版第1刷），頁223～240。

〔註130〕清・張廷玉等，《明史》，卷89，〈兵一〉，頁2175。清・清高宗敕撰，《續文獻通考》，卷122，〈兵考〉，頁3889。

〔註131〕張金奎，《明代衛所軍戶研究》，頁49～50。

了讓軍隊來源不至於匱乏,明代除實行軍戶世襲制度外,尚有充軍制度〔註132〕的存在。這兩項制度的實行,可上溯至魏晉南北朝時代的「世兵制度」與「謫發制度」,〔註133〕後漢末年,由於國家戰亂,戶籍多已散亂無從徵兵,豪族為圖自保或擴展版籍,便開始私募軍隊。曹魏的「士家制度」就是將招募來的軍隊與一般民戶分離,另立戶籍,除將這些軍戶家屬作為人質,以防部屬叛變外,還令他們父死子繼,世代為兵,〔註134〕因此當兵的義務便落在這些世襲的兵家子弟上。〔註135〕而孫吳實行的是將「彊者為兵,羸者補戶」,〔註136〕並從大將的子弟中,去挑選年少有力者為將帥的兵戶,與民戶分籍管理的「兵戶制度」。〔註137〕

　　東晉時期,不但繼承三國時代的世兵制度,甚至進一步以「官制謫兵,不相襲代。頃者小事,便以補役」。〔註138〕來補充兵源不足。到了南朝宋時,武帝劉裕(363～422)曾下詔曰:

> 兵制峻重,務在得宜。役身死叛,輒考傍親,流遷彌廣,未見其極。……
> 自今犯罪充兵合舉戶從役者,便付營押領,其有戶統及謫止一身者,
> 不得復侵濫服親以相連染。〔註139〕

從東晉到南朝宋,「謫兵制度」的轉變,由「不相襲代」到「役身死叛,輒考

〔註132〕 有關明代充軍制度可詳參:吳艷紅,《明代充軍研究》(北京:社會科學文獻出版社,2003年4月第1版第1刷)。

〔註133〕 于志嘉,《明代軍戶世襲制度》(臺北:臺灣學生書局,民國76年4月初版),頁109,註3。陳玉屏,《魏晉南北朝兵戶制度研究》(四川:巴蜀書社出版,1988年11月第1版第1刷),頁143。

〔註134〕 高敏,《魏晉南北朝兵制研究》(河南:新華書店,1998年5月第1版第1刷),頁52。所謂的「世兵制度」是兵民分離或是兵家子弟世代為兵。詳參:何茲全,《讀史集》(上海:上海人民出版社,1982年4月第1版第1刷),頁285。

〔註135〕 何茲全,《讀史集》,頁286～287。

〔註136〕 晉‧陳壽,《三國志》(香港:中華書局,1971年版),卷58,〈吳書‧陸遜傳〉,頁1343。

〔註137〕 晉‧陳壽,《三國志》,卷48,〈吳書‧孫亮傳〉,頁1153。陳玉屏,《魏晉南北朝兵戶制度研究》,頁99。至於三國蜀漢是否實行「世兵制度」呢?據學者陳玉屏考證結果,蜀漢是不可能實行世襲兵家制度。詳參:陳玉屏,《秦漢魏晉南北朝史論集》,(四川:四川民族出版社,1995年8月第1版第1刷),頁118～121。

〔註138〕 唐‧房玄齡等,《晉書》(北京:中華書局,1998年3月第7刷),卷75,〈范汪傳〉,頁1987。

〔註139〕 梁‧沈約等,《宋書》(北京:中華書局,1996年4月第1版第6刷),卷3,〈武帝下〉,頁57～58。

傍親，流遷彌廣，未見其極」可說是「謫兵制度」的補強與「徵兵制度」的擴充。雖是如此，誰願意累及子孫，世世代代為兵，冒鋒鏑之災；又有誰願意在重視門戶的南北朝時代，與兵戶為親。在此情形下，兵戶家只有逃亡一途或許還有希望，否則只有為軍閥戰死於沙場，出人頭地可說渺茫。由以上史料可以說明代的兵戶世襲制度與謫兵（充軍）制度頗有魏晉南北朝「世兵制度」與「謫兵制度」之遺意矣！

二、疏議勾軍

　　明代勾軍，是為彌補實行軍戶制度後，軍士逃亡所做出的補救方法，目的要把國家的軍隊維持在一定的數量。簡言之，勾軍日的在使兵源長期不虞匱乏。〔註140〕貞明〈亟修水利以預儲蓄酌議軍班以停勾補疏〉言：

> 勾補無用，莫不知之，而軍伍日漸盧耗又不能舉其法而盡廢。今徒
> 致嚴於勾補之中而不議處於勾補之外，非計之得也。〔註141〕

勾軍又可分為勾補與根補，勾補者，軍士老、疾病、故時，而勾取戶丁補役的方法稱為「勾補」；根補者，逃亡者，勾取正身補役的方法叫做「根補」。〔註142〕然在明代，精明如開國之君明太祖洪武時代（1368～1398），即有軍士逃亡的事情發生，據《明太祖實錄》載：從吳元年（1367）十月至洪武三年（1370）十一月終，軍士逃亡的數量已達四萬七千九百八十六人，〔註143〕明太祖遂迅速做出懲處，並於洪武二十一年（1388）下詔：

> 自今衛所以亡故軍士姓名鄉貫編成圖籍送兵部，然後照籍移文取
> 之。毋擅遣人，違者坐罪。尋又詔天下郡縣以軍戶類造為冊，具載
> 其丁口之數。如遇取丁補伍，有司按籍遣之，無丁者止。自是無詐
> 冒不實、役及親屬同姓者矣！〔註144〕

這是明代創建以來對衛所軍士圖籍的首次整頓，無疑是想對逃軍與軍戶人口能夠確實的掌握。但制度本身的制定與修正是必須配合時代環境變遷而加以

〔註140〕許賢瑤，〈明代的勾軍〉，《明史研究專刊》，第6期，民國72年6月出版，頁134。

〔註141〕明・吳亮輯，《萬曆疏鈔》，卷48，徐貞明〈亟修水利以預儲蓄酌議軍班以停勾補疏〉，頁4上。

〔註142〕于志嘉，《明代軍戶世襲制度》，頁52。

〔註143〕明・李景隆等，《明太祖實錄》（京都：中文出版社，1984年5月，據中央研究院歷史語言研究所民國51年刊本縮印），卷58，洪武三年十二月丙子條，頁8上。清・張廷玉等，《明史》，卷92，〈兵四〉，頁2255。

〔註144〕明・李景隆等，《明太祖實錄》，卷193，洪武二十一年八月戊戌條，頁8上。

改變，甚至廢除不合時宜的陋制，非一味見漏防堵所能見效者。明太祖的做法雖可解軍戶世襲制度部分缺失，卻無法遏止其他弊病的發生，歷史巨輪持續向前推進也證明了此點。

　　明宣宗宣德年間（1426～1435），也開始討論派遣清理軍政監察御史（清軍御史）專務清勾軍之事。不過，此議論要到正統元年（1436）才正式派遣三年爲期的清軍御史，〔註145〕想把天下衛所的軍伍徹底整頓一番。〔註146〕

　　明代對於清勾軍之事，無論是勾軍條例、清籍、設立清軍御史或以清出軍多少爲考績等，可說是官員們對問題的產生，上奏皇帝與皇帝的解決方法對逃軍的勾補做到了缺即補、傷則救的地步，爲的是讓逃軍問題對軍戶制度的傷害減至最低。然事實是否如此？逃軍的數量是否如君臣所願，降至最低？從清軍官來看，明成化五年（1469），南京浙江道監察御史孔儒三年考滿，兵部考察他清理軍伍之時酷虐，多有無故箠民致死之事發生。〔註147〕而各處清軍官，因條例，以清出數多者爲能，多拘捕逃軍，以致冤役者不可勝言。〔註148〕《古今治平略》就記載清軍御史爲前途著想，勾補泛濫：

> 其御史受代還，以清勾補伍名數多寡爲殿最。故清軍使者賢，即法嚴令具而止，否者以束濕繩下，以鉗綱讐民，以苛峻爲風力，安祿保資。而各清軍官，恐勾補不及數爲己罪，望風酷訊，如在重辟，必責之妄指捏報而後巳。有將不缺伍，及在營有軍、例不該勾人數作冊外清出者；有戶絕後責里甲認頂，及妄指無干發解者，於民禍太烈矣！〔註149〕

明宣宗宣德三年（1428），行在兵部尚書張本（？～1431）建議下，宣宗敕六科都給事中、各道掌道監察御史推舉「公廉幹濟」十四人清理軍伍，若舉薦之人「貪濁無能」貽誤軍務者，一併處罰。〔註150〕然而以清理軍籍來掌握軍

〔註145〕于志嘉，《明代軍戶世襲制度》，頁 68～69。

〔註146〕許賢瑤，〈明代的勾軍〉，頁 141。

〔註147〕明·劉吉等，《明憲宗實錄》（京都：中文出版社，1984 年 5 月，據中央研究院歷史語言研究所民國 51 年刊本縮印），卷 62，成化五年正月辛未條，頁 4 下。

〔註148〕明·劉吉等，《明憲宗實錄》，卷 150，成化十二年二月戊戌條，頁 6 上。

〔註149〕明·朱健，《古今治平略》（《續修四庫全書》757，上海：上海古籍出版社，2002 年 3 月第 1 版第 1 刷，據浙江圖書館館藏明崇禎鍾鈜刻本影印），卷 25，〈國朝兵制〉，頁 120 下～121 上。

〔註150〕明·楊士奇等，《明宣宗實錄》，卷 35，宣德三年正月丁未條，頁 6 上。

戶、軍丁的方法，必須冊籍所載內容正確無誤才有可能發揮作用，若是任用
「不諳文理，止憑識字人等任意謄寫，惟求塞責」敷衍了事，反而謄寫造冊
籍的次數越多，其訛誤也越多。再加上考成法的壓力，原意頗佳的「公廉幹
濟」清軍官，反成為衝高績效而「妄指無干發解」無辜人民的「貪濁無能」
貽誤軍事的清軍官，民間紛然不勝困累。〔註151〕原本君臣匡正清軍之意盡失，
歲遣清軍御史的制度遂於萬曆二年（1574）作罷，閭閻間也稍獲安寧。〔註152〕
萬曆三年，貞明於工科給事中任內提出〈亟修水利以預儲蓄酌議軍班以停勾
補疏〉認為逃軍最主要的原因主要是：

> 東南之民素稱柔脆，本不宜於遠戍也，……應解軍戶，丁田眾多，
> 不願遠戍。〔註153〕

明正統初年，少傅兼兵部尚書華蓋殿大學士楊士奇（1365～1444）就曾對勾
軍南北遠戍此一問題，上疏英宗：

> 切見今差監察御史清軍，有以陝西、山西、山東、河南、北直隸之
> 人起解南方極邊補伍者；有以兩廣、四川、貴州、雲南、江西、福
> 建、湖廣、浙江、南直隸之人起解北方極邊補役者，彼此不服水土，
> 南方之人死於寒凍，北方之人死於瘴癘，且其衛所去本鄉或萬里，
> 或七八千里，路遠艱難，盤纏不得接濟，在途逃死者多，到衛者少，
> 長解之人，往往被累，非但獲罪，亦有艱難死於溝壑而不知者，深
> 為可憫。……蓋洪武中有犯罪死者，恩宥免死，不分南北，發極邊
> 充軍，所以懲治有罪，此太祖皇帝之仁也。其後有罪者已死，補役
> 者皆非犯罪之人，朝廷憫其遠道艱難，留於附近衛所操備，此太宗
> 皇帝、宣宗皇帝之仁也。……臣等愚見，今所急缺邊軍者，欲乞除
> 逃軍外，以山東、山西、河南、陝西、北直隸今後清出軍丁，各就
> 所近發甘肅、寧夏、延安、大同、宣府、永平、遼東等處補伍；雲
> 南、兩廣、貴州、四川、湖廣、江西、福建、浙江、南京、直隸今
> 後清出軍丁，各就所近發四川、雲南、貴州、兩廣及邊海衛所補伍，
> 皆就定其衛所發去，待補足其缺之後，再有清出者，卻於腹裏衛所

〔註151〕清・顧炎武，《天下郡國利病書》，第 22 冊，〈浙江下〉，頁 6 下～7 上。
〔註152〕明・不著撰人，《萬曆邸鈔》，萬曆二年甲戌卷，頁 13。清・張廷玉等，《明
　　　　史》，卷 93，〈志第六十九〉，頁 2302。
〔註153〕明・吳亮輯，《萬曆疏鈔》，卷 48，徐貞明〈亟修水利以預儲蓄酌議軍班以停
　　　　勾補疏〉，頁 4 上。

補伍，如此則兵備有實，下人不困。〔註154〕

弊病雖已呈現，但問題仍未獲改善，甚至有危害更深的趨勢。兵部尚書于謙（1398～1457）在〈覆大同守禦疏〉直接指出了勾軍南北遠戍之害與延伸的問題：

> 大同府四州七縣之民，生長邊方，安其習俗，性既勇悍，尤耐饑寒，自昔至今，多於腹裡及迤南衛所充當軍役。其各該衛分有二、三千里，有五，七千里者，或歲久年深，拋家失業者，供役者少，事故者多；或因路程寫遠，中途死者有之；或因不服水土，到衛死者有之；或因貪贓官吏受囑賣放者有之。起解者未至，逃亡者復來該衛，無實用之人。原籍有清勾之擾，既僉長解又斂盤纏，況今兵燹以來，鄉里凋零至極，軍伍既不能足，民戶因而靠損，若得就近於大同等衛所當軍，情願自備鞍馬，不敢便支糧賞，奮勇殺賊以圖被報。臣切惟天下衛所相同者多。……今後遇有逃亡事故在營無人補伍，例當清勾者，不爲常例，俱各於大同就近照名充當軍役，聽其自備鞍馬，暫且不支糧賞于大同，前後二衛帶管收操，待後積有數，多另立衛分管轄，仍行原先，衛分開豁籍冊，永不勾補，緣此等之人，既免背井離鄉之苦，得遂安家戀土之情，若使撫恤有方、教演有法，遇有警急，一則不忍棄其祖宗墳塋，一則不忍毀其宗族產業，無不心懷敵愾，樂於戰鬥，此與山西、河南調來操備官軍主客既殊，堅脆亦異，庶使民戶無分析之患，軍衛獲有用之兵，所謂一舉兩得也。〔註155〕

問題未獲改善，奏疏仍雪片般紛至沓來。明代晚期，逃軍問題依舊未有改善，王世貞〈議處清軍事宜以實營伍以蘇民困疏〉中，不但指出遠戍之害，更提出從近改補有四便：

> 天下之衛所卒不充而民日以脧者何也？……大抵所甚困而無益者，莫過於遠戍，遠戍之困，十四在軍而十六在民，臣每見清軍之牘一

〔註154〕明・楊士奇，《東里文集》（北京：中華書局，1998 年 7 月第 1 版第 1 刷），〈東里別集・奏對錄・論勾補南北邊軍〉，頁 422～423。明・朱健，《古今治平略》，卷 25，〈國朝兵制〉，頁 115 上～116 上。

〔註155〕清・覺羅石麟等監修、儲大文等編纂，《山西通志》（《文淵閣四庫全書》史部307，臺北：臺灣商務印書館，民國 73 年 10 月），卷 186，于謙〈覆大同守禦疏〉，頁 14 上～15 下。

下，其在窮邊遠裔，戶弱丁單者，一遇勾攝，即就拘攣沿門乞哀、
搏頰求助。若族丁稍眾者，即不以正戶應役，或脅委屛弱，或購推
點壯屛弱之人，往往不達戍所，就斃道路，即幸而達戍所，而衣食
鮮繼，水土未服，不窘而鰥，則老而獨安望其能披堅執銳，以禦侮
一方。……又非身犯罪譴應流置者也，使之廢廬產、鬻子女，觸冒
寒暑、凌歷險以與軍共一旦之命。蓋至於千里之外，而下產半廢矣；
二千里之外，而下產盡廢矣；三千里之外，而中產亦半廢矣。臣故
曰：「天下之衛所，卒不充而民日以朘者，此也，其便莫若從近改補。
夫從近改補者，大約仍以天下之兵，補天下之伍，而伍不缺也。所
謂便者有四：應勾之戶樂於近而不預規匿，使吏胥得策，一也；應
補伍者，便於水土而不至困絕，二也；近則不逃，逃亦易跡，三也；
解戶不至破家，四也。有是四便，而二百年莫有以是。」……揚粵
之民，性不耐寒；秦民見行，如往棄市。中土之不堪邊戍，蓋自古
記之。〔註156〕

　　明代充軍制度中，一樣有南北遠戍問題。明代除以軍戶爲補充軍隊數量
的主要來源外，也以充軍刑法來溢注軍源。充軍是五刑中，對流刑的一種補
充，流有安置、有遷徙、有口外爲民，其重者曰充軍。充軍也可說是對死刑
犯的法外開恩。充軍者，明初唯邊方屯種，後定制，分極邊、烟瘴、邊遠、
邊衛、沿海附近等，軍有終身，有永遠。〔註157〕充軍終身與永遠充軍之不同
在於：「充軍終身」是以罪犯本身承擔的罪責爲止；「永遠充軍」則世世代代
子孫仍須承受充軍的懲處，且主要對象以實犯死罪減等者爲主，〔註158〕一方
面可讓死刑犯報效國家，一方面可補充軍員之不足，可說是君王對死刑犯的
恩澤，因此，獲罪謫充軍者，可稱之爲「恩軍」；〔註159〕使子孫世代執充軍役
者，稱之爲「長生軍」。〔註160〕明太祖將死刑犯等免死充軍，死刑犯能有重生

〔註156〕明・王世貞，《弇州四部稿》（《文淵閣四庫全書》集部219，臺北：臺灣商務
　　　　印書館，民國74年12月），卷106，〈議處清軍事宜以實營伍以蘇民困〉，頁
　　　　16下～18下。
〔註157〕清・張廷玉等，《明史》，卷93，〈志第六十九〉，頁2282。
〔註158〕清・張廷玉等，《明史》，卷93，〈志第六十九〉，頁2301。吳艷紅，《明代充
　　　　軍研究》，頁74。
〔註159〕明・李景隆等，《明太祖實錄》，卷232，洪武二十七年三月壬申條，頁5上。
〔註160〕明・陸容，《菽園雜記》（北京：中華書局，1997年12月第1版第2刷），卷
　　　　8，頁99。

的契機，當然都樂而爲之，數傳後已有數以萬計之多。〔註161〕但是問題就出現在制度上的錯誤，明代繼承元代流刑秕政遺意：犯者，南方人遷於北方遼陽（今遼寧遼陽市以南及遼東半島一帶）以北之地，北方人遷於南方湖廣之鄉。〔註162〕洪武二十六年（1393）也訂定充軍條例：

> 如浙江，河南，山東，陝西，山西，北平，福建，直隸應天、廬州、鳳陽、淮安、揚州、蘇州、松江、常州、和州、滁州、徐州人，發雲南、四州屬衛；江西，湖廣，四川，廣東，廣西，直隸太平、寧國、池州、徽州、廣德、安慶人，發北平、大寧、遼東屬衛。有逃故，按籍勾補。其後條例有發烟瘴地面、極邊沿海諸處者，例各不同。〔註163〕

原本對死刑犯等的恩赦，由於制度上的南人充軍北方、北人充軍南方的錯誤法令，再加上執法的不當，反成了貽害人民的制度。兵部尙書馬文升（1426～1510）在〈存遠軍以實兵權〉一疏中提及：

> 陝西、西安等府所屬縣分人民，先年爲事充軍，多有發編四川、貴州、雲南、廣東、廣西、福建等處衛所者，爲因水土不服，多爲烟瘴所侵，隨到隨死不可勝計。……清勾其戶丁與解人，懼烟瘴死亡之患，兩懷戀土之心，彼此通因，或逃走外郡，潛入番夷一、二十年不得到衛。原籍人丁，懼怕清解，全家逃亡者有之。其南方之人發充陝西當軍逃故等項，發冊清勾者，亦多畏懼此間地方苦寒，不肯前來著役。……乞勅兵部計議，……庶使軍士各服水土而無死亡之患，衛所不至闕軍而有操守之實矣。〔註164〕

弘治十一年（1498），兵部主事何文簡（1474～1536）上〈應詔陳言疏〉仍言修正此悖乎人情習俗的邊衛充軍：

> 伏乞敕部計議，轉行各處清軍御史督同清軍官員稽查伍冊，……將

〔註161〕清・張廷玉等，《明史》，卷93，〈志第六十九〉，頁2301。

〔註162〕元・蘇天爵編，《國朝文類》（《四部叢刊初編縮本》，臺北：臺灣商務印書館，民國64年6月臺3版，據上海商務印書館縮印元刊本），卷42，〈雜著・憲典總序〉，頁464。明・宋濂等，《元史》（臺北：鼎文書局，民國68年3月再版），卷102，〈志第五十〉，頁2604。

〔註163〕清・張廷玉等，《明史》，卷93，〈志第六十九〉，頁2301。

〔註164〕明・馬文升，《馬端肅奏議》（《文淵閣四庫全書》史部185，臺北：臺灣商務印書館，民國73年7月初版），卷2，〈一存遠軍以實兵權〉，頁16上～17下。

兩直隸、十三省所屬府、州、縣，區其衛所南北，于南北又各度其遠近，然後各計查出軍丁之數與之兌換，使南解補南，北解補北，近及五百里，遠止二千里，入伍之後，舊伍不許再勾。則風塵免其艱難，水土易于諳服，逃者將自行首官，居者將樂于就役，豈憂額數之不復乎？……若曰罪戍不遠無以儆眾，臣以爲欲儆眾庶，在于遇赦不輕原，不在違其土宜而窮之極遠也。……彼安土重遷，宜多有之，是亦足兵之法也。〔註165〕

問題並未改善，至正德末年，右僉都御史胡世寧（1469～1530）再度上〈陳言時政邊備疏〉：

今充軍之人，悉是奸豪巨惡，未必皆是可矜，何不數年而節蒙宥免？因茲輕重不均，人愈玩法，況今東南力薄之人，充軍西北，既不得用；西北近邊之人，充軍東南亦常逃回，彼此無益理宜通處。〔註166〕

充軍之地，近者或數千里，遠者萬里，且南北互調，水土不服，違反人性之事，導致逃亡者十之八九，是可預知之事，貞明「應解軍戶，丁田眾多，不願遠戍」可謂是一語道破。再加上「永遠充軍」者，其子孫無犯罪之實，卻在出生時，因生於「永遠充軍」之家，而註定有服刑之義務，這些後裔又情何以堪？雖說對犯罪人減刑充軍是法外施恩，但對子孫又何嘗不是法外加刑？法律應是「賞以存勸，罰以示懲」，若法外施恩成爲定例，則會讓犯者成爲僥倖心理，造成法「用之而不當功過，則姦宄寵榮而忠實擯抑」的情況出現。〔註167〕刑部侍郎何喬新（1427～1502）曾有感而發地說：

編發充軍囚犯，不分南北多發西北邊衛充軍，蓋以地方遼廓，故欲填實邊衛也。然此等囚犯多是原問斬絞罪名饒死，及一應姦頑梗化輕於犯法之徒，往往隨到隨逃，仍復爲惡，雖有仍問死罪處決之例，

〔註165〕清‧乾隆四十六年奉敕編，《御選明臣奏議》（《文淵閣四庫全書》史部203，臺北：臺灣商務印書館，民國73年7月初編），卷9，何孟春〈應詔陳言疏〉，頁20下～21下。

〔註166〕明‧胡世寧，《胡端敏奏議》（《文淵閣四庫全書》史部186，臺北：臺灣商務印書館，民國73年7月初版），卷1，〈陳言時政邊備疏〉，頁14下。

〔註167〕唐‧陸贄，《翰苑集》（《文淵閣四庫全書》集部11，臺北：臺灣商務印書館，民國74年9月初版），卷19，〈論緣邊守備事宜狀〉，頁7上～10下。後晉‧劉昫等，《舊唐書》（臺北：鼎文書局，民國68年2月二版），卷139，〈列傳第八十九〉，頁3808～3810。宋‧王欽若、楊億等奉敕編，《冊府元龜》（臺北：臺灣中華書局，民國70年8月臺3版），卷993，〈外臣部‧備禦六〉，頁6下～9上。

然逃者接踵終不知警。〔註168〕

幸好充軍之制，在嘉靖六年（1527）八月，在御史楊彝建議下，充軍者皆斟酌律例從宜編發，遠不過三千里程，行程不超過一、二月。〔註169〕對南北互調的千里遠戍可說是一種舒緩。然而勾軍之例依然是南北互調，遠戍千里，何不仿充軍之例「遠不過三千里程，行程不超過一、二月」，而只是罷遣清軍御史而已，或許是礙於祖制不可改的原因！如顧炎武所說：「勾補軍丁，在國家為必不可廢之法，在民間為大不忍聞之事。」〔註170〕

三、改善方法

貞明對於勾軍改善方法，除軍戶戶絕當除豁外，可仿照先年匠班事例，將應解軍丁免其解補：〔註171〕

> 量徵軍班，行分其戶為三等，而上下其班行，上戶若干、中戶若干、下戶若干，俱解赴應戍之，所以資召募班行既定，可免歲歲清勾，軍戶無遠戍之苦，里遞免解送之勞，此班行之有益於民。……徵班行或類解京師或轉發該衛，便召募土著，則可揀擇壯丁不至老弱，數得備禦之實用，土著安居永無逃亡之患，存恤月糧又可裁革，併資召募，此班行有益於國。……若止徵班銀，軍戶必無隱脫，則一時之召募遂為經制可也。〔註172〕

〔註168〕明・何喬新，《椒邱文集》（《文淵閣四庫全書》集部188，臺北：臺灣商務印書館，民國74年12月初版），卷33，〈奏議集署〉，頁11上下。

〔註169〕明・張居正等，《明世宗實錄》，卷79，嘉靖六年八月戊辰條，頁7下。

〔註170〕清・顧炎武，《天下郡國利病書》，第22冊，〈浙江下〉，頁6下。因限於篇幅關係，有關明代勾軍相關論文、書籍除前提及外，尚有：

1. 吳晗，〈明代的軍兵〉，（收入吳晗，《讀史箚記》，北京：生活・讀書・新知三聯書店，1979年6月第1版第4刷），頁177～124。

2. 解毓才，〈明代衛所制度興衰考〉，（收入錢穆等，《明代政治》，臺北：臺灣學生書局，民國57年8月初版），頁213～247。

3. 陳文石，〈明代衛所的軍〉，《中央研究院歷史語言研究所集刊》，第48本，民國66年6月，頁177～203。

4. 曹國慶，〈試論明代的清軍制度〉，《史學集刊》，1994年第3期，頁9～16。

5. 劉金祥，〈明代衛所缺伍的原因探析──兼談明代軍隊的貪污腐敗〉，《北方論叢》，2003年第5期，頁71～74。

〔註171〕明・吳亮輯，《萬曆疏鈔》，卷48，徐貞明〈亟修水利以預儲蓄酌議軍班以停勾補疏〉，頁5上。

〔註172〕明・吳亮輯，《萬曆疏鈔》，卷48，徐貞明〈亟修水利以預儲蓄酌議軍班以停

貞明「仿匠班事例」是否可行？以史料分析如次。

　　洪武十九年（1386）四月，在工部侍郎秦逵建議下，工匠輪班量地遠近以爲班次，並置籍爲勘合。〔註173〕，洪武二十六年（1393），頒令令天下府、州、縣各色工匠輪班，由在京諸司役作之繁簡更定期班次，約三年或二年一輪，務使赴工者就其役而無廢日，罷工者得安家居而無廢業，此次詔令頒行計有二十三萬二千八十九人便之。〔註174〕且早在前兩年，也就是洪武二十四年（1391）下令工匠役作內府者，量其勞力，日給鈔貫。〔註175〕這是明代前期幾位皇帝的德政，但一項法令推行久之，須因時制宜，否則弊病百出。明代班匠制度到景泰元年（1450）十二月，逃匠已達三萬四千八百有奇，〔註176〕景泰五年（1454）時，情況更爲嚴重。六科給事中林聰（1415～1482）等上奏：

> 天下各色輪班人匠輪班人匠多是災傷之民，富足者百無一、二，艱難者十常八、九，及赴京輪班之時，典賣田地、子女，揭借錢物、絹布及至到京或買囑作頭人等，而即時批工放回者，或私下占使而辦納月錢者，甚至無錢使用與人傭工乞食者。求其著實上工者，百無二、三百，有當班之名無當班之實。〔註177〕

嘉靖十四年（1535），已有管工員外郎打傷工匠，致使諸人不勝其苦的案例發生。〔註178〕另外，地方上，工匠有被招募三十餘年，既非租庸本差，又不得受工匠浮食，實不勝困。〔註179〕《龍江船廠志》載：

> 提舉司所屬匠戶，俱係先年起取外京人民來京造船，原無恆產之資，

勾補疏〉，頁 4 上～5 上。

〔註173〕明・李景隆等，《明太祖實錄》，卷 177，洪武十九年四月丙戌條，頁 5 下。

〔註174〕明・李景隆等，《明太祖實錄》，卷 230，洪武二十六年十月己亥條，頁 3 上。各匠般役期可參閱：明・李東陽撰、申時行修，《大明會典》，卷 189，〈工匠二〉，頁 1 下～5 上。

〔註175〕清・陳夢雷編，《古今圖書集成》（臺北：鼎文書局，民國 66 年 4 月初版），〈考工典〉第 3 卷，第 781 冊之頁 10 上。

〔註176〕明・陳文等，《明英宗實錄》（京都：中文出版社，1984 年 5 月，據中央研究院歷史語言研究所民國 51 年刊本縮印），卷 199，景泰元年十二月甲申條，頁 6 上。

〔註177〕明・陳文等，《明英宗實錄》，卷 239，景泰五年三月乙丑條，頁 8 上。

〔註178〕明・張居正等，《明世宗實錄》，卷 173，嘉靖十四年三月丙子條，頁 7 上。

〔註179〕清、喬溎修、賀熙齡纂、游際盛增補，《（道光）浮梁縣志》（《中國地方志集成・江西府縣志輯》7，南京：江蘇古籍出版社，1996 年 5 月第 1 版第 1 刷，據清道光三年刻，清道光十二年增補刻本影印），卷 8，〈食貨〉，頁 15 上。

生齒日繁，貧不能給，往往流移漂散，失其故藝。……該司油麻官
地，理應比照各衛所屯田，止許軍士領種事例，通行分給匠戶以爲
恆產。然召佃之時，每爲有力者奪去，貧匠束手無策，自甘窮餓。
〔註180〕

在戶籍分明的明代，屬匠籍的工匠們世代不得轉業，除非獲得皇帝的特許，
否則不能脫籍，超登仕流，其子孫若不堪其役者，怎能不逃？成化末年，白
銀大量流入中國後，明代工匠以銀代役的情況，開始出現。都御史彭韶建言
將「水鄉竈戶盡歸民役，其折色銀歸糧耗帶徵」，將濱竈鹽課改爲本、折兼納，
以致後來匠戶、竈戶等主要提供勞役的意義方逐漸消失，竈戶可以通過多種
途徑換取銀錢完納鹽課，雖然仍有種種的束縛，但已有了改換生活方式的政
策基礎。〔註181〕

　　和匠戶相比，沒有任何政策鬆動的軍戶，顯然，貞明要以「匠班事例」，
提出軍戶兵役折徵的建議，應該是符合社會發展趨勢的。〔註182〕若說徵班銀
召募土著爲軍，應是可行，一方面土著不會有水土不服問題，一方面如戚繼
光（1528～1588）召募軍隊，敗倭寇、鎮遼、薊等，戰功彪炳，〔註183〕但
兵部卻以「祖宗定爲兵制與班匠不同，且西北地廣人稀，無人應募」而作罷。
〔註184〕冰凍三尺，非一日之寒，清勾軍制度實行至萬曆元年已有二〇六年
（洪武元年至萬曆元年，1368～1573）的歷史，若要改進勾軍問題已非僅如
貞明所說，仿匠班事例即可做到「資召募班行既定，可免歲歲清勾，軍戶無
遠戍之苦，里遞免解送之勞，安居永無逃亡之患，存恤月糧又可裁革併資召
募」的願景。〔註185〕若從根本上的來講，明太祖建國時，爲確保軍隊的來源，
而訂定軍戶世襲制度，再加上南北互調以致水土不服違反人性的措施，導致

〔註180〕明・李昭祥，《龍江船廠志》（《玄覽堂叢書》，臺北：正中書局，民國 74 年
　　　　12 月臺初版），卷 5，〈斂財志〉，頁 4 上下。
〔註181〕陳詩啓，〈明代的工匠制度〉（收入陳詩啓，《從明代官手工業到中國近代海關
　　　　史研究》，廈門：廈門大學出版社，2004 年 9 月第 1 版第 1 刷），頁 71、79。
　　　　清・顧炎武，《天下郡國利病書》，第 22 冊，〈浙江下〉，頁 1 上。張金奎，〈軍
　　　　戶與社會變動〉（收入萬明主編，《晚明社會變遷：問題與研究》，北京：商務
　　　　印書館，2005 年 12 月第 1 版第 1 刷），頁 456。
〔註182〕張金奎，〈軍戶與社會變動〉，頁 456。
〔註183〕明・張廷玉等，《明史》，卷 212，〈列傳第一百〉，頁 5611～5614。
〔註184〕明・不著撰人，《明神宗實錄》，卷 44，萬曆三年十一月己酉條，頁 5 下。
〔註185〕明・吳亮輯，《萬曆疏鈔》，卷 48，徐貞明〈亟修水利以預儲蓄酌議軍班以停
　　　　勾補疏〉，頁 4 下。

衛所制度的敗壞，已非仿匠班事例所能解決。再者，軍戶世襲制度是適用於戰亂時期，對補充兵源的一種保障，但明太祖建國後，國家漸步入軌道，人民逐步安居樂業，實不應再行以軍戶制度。雖有魏晉南北朝前車之鑑，明太祖竟不察而實行之，實是令人扼腕感嘆！要想改編軍伍，首先要打破軍戶世襲制度，因地制宜選取衛所附近民眾爲軍，爾後繼明代諸位君王只知在弊端出現時修正，殊不知這只是治標而非治本之方，或許說礙於祖制的關係，不可輕廢，〔註186〕然明太祖不得內宦干政之事，諸位明代君主又做何解釋呢？頗值得深思！

〔註186〕張金奎，《明代衛所軍戶研究》，頁357。

第三章　西北水利開發

　　明神宗萬曆時（1573～1620），「湖廣熟，天下足」的境況出現，代表長江中、下游地區在經濟上已具有舉足輕重的地位。明代自明成祖遷都北京後，北方糧食的籌措多依賴南糧北運，到成化八年（1472），南糧北運的數量已高達四百萬石之多。從宋代以來的五十萬石、元代的三百萬石到明代四百萬石，糧運量持續增加，一旦漕運受阻，國家官員北方軍兵即有枵腹危機，有識之士紛紛提出改善之道。

　　貞明倡言興修西北水利，就近解決糧食問題，提出治水當先治水之源，一方面源分則流微而易御，田漸成則水勢亦緩，一方面發展水田亦可改善北方鹽鹵土質的功用，但當時地埋環境，山西、河北等地，森林砍伐殆盡，已有沙塵暴問題出現，在開發農田水利之際，也應注意到水土保護的問題，而這也是貞明忽略的。

第一節　時代背景

一、經濟重心南移

　　所謂「經濟重心」即其經濟具有持續性與穩定性的發展，且國家政府在經濟上倚重它，在經濟上具有主導的地位與作用者，即可稱為經濟重心。
〔註1〕中國從中古世紀以來，在經濟上產生了一大變化，即是生產地與消費

〔註1〕　張全明，〈論中國古代傳統經濟重心在宋代的最終南移〉（收入張全明，王玉德等著，《生態環境與區域文化史研究》，武漢：崇文書局，2005 年 6 月第 1 版第 1 刷），頁 293。

地逐漸分離，這種變化是漸進的，論其原因有天災，也有人禍。三代以前，江北繁盛，江南廣闊，自漢晉以降，江南反而較江北繁盛，乃肇因於三國、五胡之亂，江北多受戰爭破壞；〔註2〕中原百姓多隨王室南遷，造成江南人口日益聚集，開發繁榮。〔註3〕

　　楊堅（541～604）受禪時（581），江北經濟上的大問題立即面臨，北方繼續駐有重兵，且都城的臣民特多，如「關隴集團」等，這些都是經濟學上的消費族群，因此消費重心猶在北方，但當時糧食生產地已逐漸轉移到南方，生產地與消費地分離，無法就地取材，北方的經濟生產入不敷出的窘境已逐漸顯露，爲對大興城（今西安舊城西北方）糧食的接濟，遂於開皇五年（585）命左領軍大將軍宇文愷（555～612）引渭水開鑿自大興城東至潼關（今陝西潼關縣東北）三百餘里的廣通渠，以便轉運通利關內。〔註4〕唐玄宗天寶十四年（755）安史之亂後，由於北方再度受到戰亂破壞，原先在北方的財賦多爲藩鎮所佔據，造成南方財賦地位的上升，〔註5〕唐代韓愈（768～824）曰：「賦出於天下，江南居十九。」〔註6〕五代十國從後梁開始，開封的地位逐漸嶄露頭角，除後唐定都於洛陽外，其餘的後梁、後晉、後漢、後周，全建都於開封，宋代也定都於沒有天然屏障，豁露在黃河南岸的一個平坦而低窪的大梁（今開封），冒著黃河北岸遼騎，三、四天即到黃河威脅京師的危險，〔註7〕乃因「定都大梁有四條河可以通漕運：汴河、黃河、惠民河、廣濟河；而因爲汴河所漕運較多，宋太祖起兵有天下，爲懲戒唐代以來，五代藩鎮之禍，蓄兵於京師以成強幹弱枝的態勢，所以以兵食爲重，定都於大梁」，〔註8〕乃

〔註2〕　明・于愼行，《穀山筆塵》（北京：中華書局，1997年11月第1版第2刷），卷12，〈形勢〉，頁129。

〔註3〕　明・徐貞明，《潞水客談》（《叢書集成初編》，北京：中華書局，1985年北京新1版，據《粵雅堂叢書》本排印），頁6。

〔註4〕　唐・魏徵等，《隋書》（臺北：鼎文書局，民國68年2月第2版），卷24，〈志第十九〉，頁684。

〔註5〕　鄭學檬，《中國古代經濟重心南移和唐宋江南經濟研究》（長沙：岳麓書社，2003年10月第1版第1刷），頁13。

〔註6〕　余冠英，周振甫等主編，《唐宋八大家全集》（北京：國際文化出版公司，1998年10月第2版第1刷），韓愈〈送陸歙州詩序〉，頁217。

〔註7〕　錢穆，《國史大綱》（臺北：臺灣商務印書館，1999年12月第3版第3刷），頁532。

〔註8〕　元・脫脫等，《宋史》（臺北：鼎文書局，民國67年9月初版），卷175，〈食貨上三〉，頁4250。

因：「兩浙之富，國用所恃；歲漕都下米五十萬石，其他財富供餽，不可悉數。」
〔註9〕宋代范仲淹（989～1052）就曾說：「蘇、常、湖、秀（即秀州，轄境相
當今杭州灣以北，桐鄉市以東地區及吳淞江以南地區，但不含海寧市），膏腴
千里，國之倉庾也」。〔註10〕宋高宗紹興五年（1135），屯田郎中樊賓言：

> 荊湖江南與兩浙膏腴之田，彌亘數千里無人可耕，則地有遺利，中
> 原士民扶攜南渡幾千萬人，則人有餘力，今若使流寓失業之人，盡
> 田荒廢之田，則地無遺利，人無遺力，可以資中興。〔註11〕

南宋雖偏安於南方，對南方的開發功不可沒，成就了財富甲於天下的盛況！
〔註12〕出現於南宋時期（1127～1279），「蘇湖熟，天下足」之諺，〔註13〕說
明此時中國經濟「重心」已南移到蘇（今江蘇境內）、湖（今浙江境內）地
帶。〔註14〕明弘治年間（1488～1505），兵部主事何孟春提及：「湖廣熟，天
下足之謠，天下信之」，〔註15〕證明古代中國經濟重心南移已至湖廣一帶，
且是當時天下人均相信的時代環境，因而貞明所處明神宗萬曆時代（1573～
1620），江南地區在經濟上具有土導的地位與作用。〔註16〕

〔註9〕　宋・蘇軾，《蘇軾文集》（北京：中華書局，1986年第1版第1刷），卷32，〈進
單鍔吳中水利書狀〉，頁916～917。

〔註10〕　宋・范仲淹，《范文正公文集》（《叢書集成初編》，北京：中華書局，1985年
北京新1版，據正誼堂全書本排印），卷4，〈上呂相公并呈中丞諮目〉，頁41。

〔註11〕　明・徐貞明，《潞水客談》，頁6～7。元・馬端臨，《文獻通考》（《文淵閣四庫
全書》史部368，臺北：臺灣商務印書館，民國73年3月初版），卷7，〈田
賦考七〉，頁26下～27上。

〔註12〕　明・徐貞明，《潞水客談》，頁6。

〔註13〕　宋・薛季宣撰，薛旦編，《浪語集》（《文淵閣四庫全書》集部98，臺北：臺灣
商務印書館，民國74年9月初版），卷28，〈策問二十道〉，頁13下。

〔註14〕　諸多論文認為中國經濟重心南移於南宋時期完成。參閱：張全明，〈論中國古
代傳統經濟重心在宋代的最終南移〉，頁298～312。鄭學檬，《中國古代經濟
重心南移和唐宋江南經濟研究》，頁19。張瑜，〈淺論中國古代經濟重心的南
移〉，《皖西學院學報》，2004年6月第20卷第3期，頁48。程民生，〈關於
我國古代經濟重心南移的研究與思考〉，《殷都學刊》，2004年第1期，頁51。
王大建、劉德增，〈中國經濟重心南移原因再探討〉，《文史哲》，1999年第3
期，頁48～55。

〔註15〕　明・何孟春，《餘冬錄》（臺北：中央研究院傅斯年圖書館藏古籍線裝書，
據清光緒二年北京坊刻本），卷十一，〈職官〉，頁1下。

〔註16〕　全漢昇曰：「清中葉左右有句俗話說：『湖廣熟，天下足』。」然「湖廣熟，天
下足」至遲在明代中後期已經出現，這裡全漢昇所言有待商榷。參閱：全漢
昇，《明清經濟史研究》（臺北：聯經出版社，2002年12月第1版第三刷），
頁60。

二、北京地理形勢

自古以來，帝王統馭天下必以天下之勢爲考慮重點，尤其是國家京師的望置至爲重要。所謂：京師者乃爲天下之根本，人民安則京師安，京師安則國本固也。〔註17〕明代袁表曾對北京與南京相互比較，認爲在對抗西北游牧民族方面，由於金陵偏在東南方，不足以控馭西北，有鞭長莫及之憂。〔註18〕北京與秦漢之關中、後漢之洛陽相較，洛陽不如關中，關中不如燕薊，乃因爲洛陽雖居天下之中，四方往來均稱便利，但卻無形勢可以爲憑藉。而關中地勢雖足以臨制山東，但西北方卻無高山廣川以爲防守，漕運更是難以到達。就明代北直隸順天府來說，約是春秋戰國時代燕國疆域，東達永平（即永平府，轄境在今河北省長城以南的徒河以東之地）、南到河間（在今河北獻縣、河間、青縣、泊頭等市縣地）、天津，北至宣化（今河北張家口市東南宣化區），西則保定（即保定府，轄境相當今河北太行山以東，雄縣、深縣、辛集等縣市）等地。其鄰近山川則有北嶽恆山與太行山等，以及滹沱、漳、衞、淶、易，等河川可資灌漑，可以說是左俯滄海，右倚太行，並紫荊、居庸、山海諸關嶅峙，環擁南嚮，足以臨天下的天府之國。〔註19〕孫承澤亦認爲北京的地理形勢，左環滄海，右臨太行山，對內可臨制中原，對外可控制朔方沙漠南北，形勢之勝，甲於天下，易守難攻，又有漕運運輸之便，實是定都絕佳之地。〔註20〕就如萬曆時期（1573〜1620），貞明所言，北京有「負山控海」形勢，〔註21〕然而卻是有切臨邊境與遠離經濟重心之弊，以致於須集結重兵於北京與邊境，靠著南糧北運支撐北方，爲人所訴病：

> 幽燕者，切近于漠北，又將恐其搤我之吭而拊我之背也！蓋制人而不得，猶不至于失已守已而失焉，則其害豈但不得於人而已哉，此其外患之可畏也。至於唐之漕，因于河；宋之漕，因于汴。國初，海運十萬餘石以給邊，永樂引汶、泗諸水以益濟；引黃河自魚臺以

〔註17〕 明·陳子龍編，《明經世文編》（北京：中華書局，1987年3月第1版第2刷），卷21，鄒緝〈奉天殿災疏〉，頁3上。

〔註18〕 明·張萱，《西園聞見錄》，卷62，〈北京〉，頁3下。

〔註19〕 清·唐執玉、李衛等監修，田易等纂，《畿輔通志》（《文淵閣四庫全書》史部262，臺北：臺灣商務印書館，民國73年7月初版），卷15，〈形勝疆域〉，頁1上下。

〔註20〕 清·孫承澤，《天府廣紀》（臺北：大立出版社，民國69年11月），卷1，〈形勝〉，頁6。

〔註21〕 明·徐貞明，《潞水客談》，頁4。

益御漳，然後漕舟自江達于淮，自河達于京師。今觀漕河，以一衣帶之水，掬土可塞，萬一無賴荷鍤而決，迎鑿瓜州之壩，則江不達于淮矣；塞魚臺汶、泗之水，則河不達于京師矣，斯時也將何以處之哉？唐之軍士脫巾而呼，而元之貴人抱珍而桴腹者可鑒也。〔註22〕

明代自明成祖遷都北京後，從上谷（今北京延慶縣）西北至雲中（今山西省北部）皆爲重兵防守據點，靠的是年年東南數百萬石的糧餉供應京師百官與戍兵，但供輸之事，頗爲勞民傷財，京畿防邊禦盜之事，則更爲困難。〔註23〕黃宗羲（1610～1695）批評明代定都北京，約兩百多年的時間，但卻發生了明英宗土木堡之變；正德十二年（1517）十月，韃靼入侵，明武宗受困於陽和衞（今山西陽高）；嘉靖二十八年（1549），韃靼兵進至永寧（今北京東北）；嘉靖四十三年，韃靼入寇，京師戒嚴；崇禎年間，則是京城年年戒嚴，這可說是定都北京所造成之窘境。〔註24〕顧祖禹（1659～1692）認爲定都北京僻處一隅，關塞之防禦日不暇給，卒旅疲於奔命，更何況北京遠離經濟重心，運輸困難，外敵一旦內寇，難救於萬一。〔註25〕

三、定都北京

元世祖忽必烈（1215～1294）創建元代，北方游牧民族，入主中原後，由於原本政治中心多在塞外或山海關外東北地方，對全國的統一甚爲不便，因而將北平（今北京）做爲首都，一方面便於控制華北平原，進而南下統一中國；一方面可快速退到北方草原之地，可說是進可攻，退可守的定都望置，兩宋時期的遼、金兩國均是如此。〔註26〕郝經（1223～1275）以分析地理形勢的方式，向元世祖進言曰：「定都於燕地，可以東控遼碣，西連結三晉之地，背依關嶺，俯瞰河朔，南向可以君臨天下，這是燕都優於上都之處。」〔註27〕

〔註22〕明・章潢，《圖書編》（《文淵閣四庫全書》子部275，臺北：臺灣商務印書館，民國74年6月初版），卷35，〈兩都形勝總論〉，頁12上～13上。

〔註23〕明・張萱，《西園聞見錄》，卷62，〈北京〉，頁2下。

〔註24〕清・黃宗羲著：李廣柏注譯，李振興校閱，《新譯明夷待訪錄》（臺北：三民書局，民國90年2月第1版第2刷），頁80～81。

〔註25〕清・顧祖禹，《讀史方輿紀要》（北京：中華書局，2005年3月第1版第1刷），〈北直方輿紀要序〉，頁405。

〔註26〕王培華，《元明北京建都與糧食供應——略論元明人們的認識和實踐》（北京：北京出版社出版集團、文津出版社，2005年3月第1版第1刷），頁82。

〔註27〕元・郝經，《陵川集》（《文淵閣四庫全書》集部131，臺灣：臺灣商務印書館，民國74年9月初版），卷32，〈便宜新政〉，頁6下～7上。

元世祖住於上都（今內蒙古正藍旗東北四十里上都河北岸）時，巴圖爾亦曾向元世祖建議：「幽燕之地，龍蟠虎踞，形勢雄偉，南控江淮，北連朔漠，且天子必居中必受四方朝覲。大王若想要經營天下，非以燕地爲京城不可！」元世祖曰：「若非你的一席話，我幾失察矣！」〔註28〕元世祖再問劉秉忠（1216～1274）：「上都與大都（今北京）何處較好？」劉秉忠對曰：「上都國祚短，民風淳樸；大都國祚長，但民風淫。」元世祖因而以大都爲京師。〔註29〕可見元世祖定都大都是以國家長遠歷程設想，既可聯繫北方朔漠崛起之地，向南控制江淮以御六合。

元代定都大都，遠離南方經濟重心所在，糧餉須從南方北運，元世祖遂於至元二十六年（1289），採韓仲暉等人的意見，開鑿南起須城縣（今山東東平縣西北）經壽張（今山東東平縣西南）、東昌（今山東聊城市）至西北臨清（今山東臨清市），建閘三十一座，長二百五十餘里的會通河以通漕運。〔註30〕後來因會通河初開，運道狹小、水淺，以致於每年漕運量不過數十萬石，無法大量載運。〔註31〕元世祖採用丞相伯顏（1236～1295）的建議，以海運解決北方糧餉問題：

> 元都於燕，去江南極遠，而百司庶府之繁，衛士編民之眾，無不仰給於江南。自伯顏獻海運之策，而江南之粟分爲春、夏二運，蓋至於京師者，歲多至三百萬餘石。民無輓輸之勞，國有儲蓄之富，豈非一代良法與！……終元之世，海運不廢。〔註32〕

元代行海運後，到元朝滅亡，海運如同整個國家生命線，一旦海運發生梗塞，即有亡國危機。〔註33〕元末時，海上漕運多爲方國珍（1319～1374）與張士誠（1321～1367）所佔，元代即屢屢出現「勳戚權貴，衣錦繡，抱珠玉，而枵腹忍饑，以爲餓殍者何限」，〔註34〕的危機。

明太祖建立明帝國後建都南京，政治中心與經濟重心相結合，因此對於

〔註28〕明・宋濂等，《元史》，卷119，〈列傳第六〉，頁2942。
〔註29〕清・孫承澤，《天府廣紀》，卷1，〈建置〉，頁4。
〔註30〕明・陳邦瞻，《元史紀事本末》（北京：中華書局，1979年4月第1版第1刷），卷12，〈運漕〉，頁90。
〔註31〕明・丘濬，《大學衍義補》，卷34，〈治國平天下之要〉，頁20上。
〔註32〕明・陳邦瞻，《元史紀事本末》，卷12，〈運漕〉，頁99。
〔註33〕元・劉仁本，《海道漕運記》（收入明・袁褧編，《金聲玉振集》，臺北：中央研究院傅斯年圖書館藏線裝書），頁31下～32上。
〔註34〕明・丘濬，《大學衍義補》，卷34，〈治國平天下之要〉，頁19上。

南糧北運的問題主要是對北方遼東等處軍事糧餉的供應。〔註35〕由於海運的風險比較大，常常受到海上倭寇的威脅，讓明太祖憂心忡忡，因此尋以屯田的方法，以求改善：

> 洪武十五年（1382）五月，……士卒饋運渡海有溺死者，上（明太
> 祖）聞之，命群臣議屯田之法。……其糧餉歲輸海上，每聞一夫有
> 航海之行，家人懷訣別之意，然事非獲已，憂在朕心，至其復命，
> 士卒無虞，心方釋。然近聞有溺死者，朕終夕不寐，爾等其議屯田
> 之法，以圖長久之利。〔註36〕

明太祖爲免除海運漂沒與倭寇的威脅，因而加緊屯田政策的推行。到了洪武三十年（1397），北方屯田成功時，明太祖即下令廢止海運，〔註37〕海運的問題要到明成祖即位後，方再度被提起。

明成祖以「清君側」爲由，起兵北平（今北京）發動靖難之變，南下滅建文政權（1398～1402），改年號爲永樂，即位南京。永樂元年（1403），採納禮部尚書李至剛等人建言，改北平爲北京。〔註38〕爲接濟北京糧食等供應，從永樂元年開始，明成祖以海陸並進的方式，繼洪武三十年，廢除海運後，重開海運，爲防範倭寇等侵擾，以平江伯陳瑄（1365～1433）等武官爲督糧官，將南糧北運。〔註39〕

爲確保糧運的暢通，除海運外，永樂九年（1412）明成祖命時任工部上書宋禮疏濬會通河（即今山東運河的北段，南起今山東梁山縣安山西南，北至臨清縣通衛河）。〔註40〕永樂十三年，陳瑄自淮安城西管家湖（今江蘇淮安市西）開鑿長約二十里的清浦江入淮水，〔註41〕築四閘（新莊、福興、清江、移風）以節蓄運河水，以時起閉，甚爲方便，自是通漕舟無車壩之危，淮波之險矣。〔註42〕又自淮水至臨清，相以水勢，置四十七閘，運道沿邊，重要

〔註35〕明・王世貞，《弇山堂別集》，卷61，〈卿貳表〉，頁1139。
〔註36〕明・李景隆等，《明太祖實錄》，卷145，洪武十五年五月丁丑條，頁6上下。
〔註37〕吳緝華，《明代海運及運河的研究》（臺北：中央研究院歷史語言研究所，民國86年6月景印1版），頁32。
〔註38〕清・朱彝尊撰，英廉等增補，《欽定日下舊聞考》（《文淵閣四庫全書》史部255，臺北：臺灣商務印書館，民國73年7月初版），卷4，〈世紀三〉，頁19上下。
〔註39〕清・谷應泰，《明史紀事本末》，卷55，〈沿海倭亂〉，頁841。
〔註40〕清・張廷玉等，《明史》，卷153，〈列傳第四十一〉，頁4203。
〔註41〕清・張廷玉等，《明史》，卷153，〈列傳第四十一〉，頁4207。
〔註42〕清・顧炎武，《天下郡國利病書》，第10冊，〈淮備錄〉，頁23下。明・席書

地方如徐州、臨清、通州（今北京通縣及附近地）皆置倉以便轉輸。〔註43〕另外，明成祖遷徙江南、四川、廣東等地人民附順天府戶籍以充實北京戶口，〔註44〕興建北京城諸多宮殿等，〔註45〕爲遷都「興王之地」北京作準備。等到一切準備就緒時，於永樂十八年下詔天下明年（永樂十九年）遷都北京。〔註46〕遷都北京後，明太祖即忙於修建北京宮殿與勞民傷財的五次北征蒙古等事，〔註47〕忘卻了「修西北之農政，視江南不啻外府」是「嗷嗷然待哺萬里之外」。〔註48〕

四、南糧北運

爲維護北京文武百官與邊疆將士糧食供應，每年須從東南經濟重心將糧食北運。自從永樂十三年（1415），運河開鑿完成後，即以支運法漕運取代海陸兼運，但因經年往復，趕不上農忙之時，平江伯陳瑄建議改行兌運法，人皆稱便。〔註49〕兌運法實行了四十餘年，在成化年間，方被長運法所取代，既免除了農民的運輸之苦，又於軍有利，堪稱爲軍民兩便的方法。〔註50〕永樂二十一年（1423），明成祖奏准每年的漕運以兩運赴京倉，一運赴通州倉繳納。〔註51〕從支運法到長運法的演變，可看出明廷希望在南糧北運的過程中，

編次，朱家相增修，《漕船志》（臺北：正中書局，民國70年6月臺初版），卷6，〈法例〉，頁5上。

〔註43〕 清·張廷玉等，《明史》，卷153，〈列傳第四十一〉，頁4208。

〔註44〕 明·徐溥等奉敕撰，李東陽等重修，《明會典》（《文淵閣四庫全書》史部375，臺北：臺灣商務印書館，民國73年3月初版），卷21，〈戶部六〉，頁14上。

〔註45〕 詳參：晁中辰，《明成祖傳》（北京：人民出版社，2003年3月第1版第3刷），頁420～423。

〔註46〕 明·楊士奇等，《明太宗實錄》（京都：中文出版社，1984年5月，據中央研究院歷史語言研究所民國51年刊本縮印），卷231，永樂十八年十一月戊辰條，頁2上下。

〔註47〕 有關明成祖北征蒙古事詳參：滕新才，《且寄道心與明月——明代人物風俗考論》（北京：中國社會科學出版社，2003年6月第1版第1刷），頁46～58。

〔註48〕 清·吳邦慶，《畿輔河道水利叢書》（一）（收入沈雲龍主編《中國水利要籍叢書》第三集，臺北：文海出版社，民國59年4月初版），〈《潞水客談》董刻序〉，頁36上。

〔註49〕 明·徐紘編，《明名臣琬琰錄》（《文淵閣四庫全書》史部211，臺北：臺灣商務印書館，民國73年7月初版），卷21，楊廉〈尚書文襄周公言行祿〉，頁16下～17上。

〔註50〕 有關明代漕運從支運法到長運法的演變與方法請詳參：吳琦，〈中國歷代漕運改革述論〉，《中國農史》，1996年第15卷第1期，頁51。

〔註51〕 明·王在晉，《通漕類編》（臺北：臺灣學生書局，民國59年12月景印初版，

除去三、四百萬石的人民重賦外，盡量減輕人民的負擔與不屑之徒從中盤剝，而最終目的仍是讓糧餉順利到達北方，讓重賦下的人民免於叛亂。

對於南糧北運的數量，兵部侍郎鄭曉（1499～1566）就曾估計洪武三十年至成化八年（1397～1472），南糧北運的數量約介於四百萬至五百萬石間：

> 洪武三十年，海運赴遼，七年萬石有奇。永樂六年六十五萬有奇。十二年，北京五十萬由衛河、通州，四十萬由海。十六年，會通河運四百六十萬有奇。宣德八年（1433）五百餘萬。正統二年四百五十萬。景泰二年（1451）四百二十三萬，七年二百九十二萬。天順四年（1460）四百三十五萬。成化八年（1472）以後四百萬石，又有江南常、蘇、松、嘉、湖白糧十八萬八百六十餘石，山東、河南粟、米、豆、麥又若干石，不在四百萬數。〔註52〕

成化八年，明憲宗題准定額本色米四百萬石，歲額至此始定。弘治二年（1489），再令有災傷各省，免改折，由臨清、德州二倉預備糧內支運足數。〔註53〕除卻本色米四百萬石外，尚有加耗、腳價、盤用等。明憲宗年間（1416～1508），左副都御史王恕（1416～1508）曾對這些漕運之外的費用估計：

> 蘇、松、常、鎮及嘉、湖、杭七府，歲輸正耗稅糧八百餘萬石，租重差繁，民多逃移。……蘇、松、常、嘉、湖五府歲糧，除起運兩京內官監供用光祿寺衙門，白熟粳米、白熟糯米一十四萬三千九百九十餘石，每石連加耗腳價盤用，有用糙米四石三斗二升者，有用糙米三石三升者，有用糙米二石七斗者，共用糙米四十餘萬石。蘇、松、常三府又起運兩京各衙門并公侯駙馬伯祿米二十八萬餘石，連加耗腳價盤用，共用糙米五十餘萬石，約用運夫二萬有餘自備衣糧、盤費又不可以數計，況涉歷江湖、過閘、過壩盤灘剝淺辛苦萬狀。……若遇惟利是嗜，不知民難官員，百般刁蹬任意需索，捉斛較量衝撒在地者，皆不作數，或百十石或五七十石一例折算，照數添補，以致借債賠補，破產還債，年年如此，民財如之何不殫？財殫力屈，民難過活。〔註54〕

據明天啓崇禎年間刊本景印），卷2，〈漕運〉，頁5上。

〔註52〕明・鄭曉，《今言》（北京：中華書局，1997年11月第1版第2刷），卷3，〈二百四十四〉，頁139。

〔註53〕明・王在晉，《通漕類編》，卷2，〈漕運〉，頁9上下。

〔註54〕明・陳子龍編，《明經世文編》，卷39，王恕〈議事奏狀〉，頁10上～11上。

另外，民運每過一閘需用銀五‧六錢，而所過閘門共有五十餘閘，〔註 55〕若保守估計，過一閘須用銀五錢，所過閘門共五十閘，所需費用至少用銀二百五十錢。且明政府為保障運河水源，嚴禁百姓引用運河沿線支流的河水灌溉農田，一味地引水濟運的結果，造成華北廣大地區許多河道、溝渠缺水，這對原本依賴東南財富的華北平原農業發展，無疑是雪上加霜。〔註 56〕再者，運河年年淤塞，年年修築的費用甚多。〔註 57〕無怪乎！貞明說：「轉輸東南糧餉於東北，每以數石之費，而換得一石的抵達，民力耗竭，國家的生計卻未能因而紓解。」〔註 58〕對此，黃宗羲評曰：「江南之民，命竭於輸輓；大府之金錢，靡於河道。」〔註 59〕

從明成祖遷都北京，每年南糧（含山東、河南）約四百萬石糧入京，正糧和費用合計達一千二百萬石至一千四、五百萬石之多，均由糧戶自己負擔。〔註 60〕明代官員們紛紛提出舒緩與解決之徑，禮部尚書兼文淵閣大學士丘濬（1420～1495）認為：當今定都於燕薊，不但切近於北方游牧民族，且又有懼怕游牧民族阻斷漕運的憂患，因而對此一弊端應加以防範，即使不能對敵方有所控制，也不至於落到失守的地步。〔註 61〕

河、海並運之論，明穆宗時代（1567～1572），丘濬對於漕、海運之議再度受到重視。〔註 62〕督察院右僉都御史梁夢龍（？～1592）言：河漕時常受阻，修治非一日可成，讓京師受困，坐患燃眉之急，何不取法弘治年間（1488～1505），丘濬之議，於無事時，行漕、海運並行。〔註 63〕明穆宗年間（1567～1572），職總督漕運都御史王宗沐分析自唐宋以來，定都北方的朝代，除元代外，唐代定都關中、宋代定都汴京、我朝（明朝）定都北京，有「負山控海」的形勢，也是都北京優於都關中與汴京的優勢，因此糧餉輓輸東南，實

〔註 55〕 明‧陳子龍編，《明經世文編》，卷 291，陸樹德〈民運困極疏〉，頁 9 下。
〔註 56〕 錢克金，《明代京杭大運河研究》，2003 年湖南師範大學碩士論文，頁 14。
〔註 57〕 明‧陳子龍編，《明經世文編》，卷 302，高拱〈論海運漕河〉，頁 30 下。
〔註 58〕 明‧徐貞明，《潞水客談》，頁 2。
〔註 59〕 清‧黃宗羲著；李廣柏注譯，李振興校閱，《新譯明夷待訪錄》，頁 81。
〔註 60〕 王培華，《元明北京建都與糧食供應──略論元明人們的認識和實踐》，頁 69。
〔註 61〕 明‧張萱，《西園聞見錄》，卷 62，〈北京〉，頁 1 下。
〔註 62〕 明‧陳子龍編，《明經世文編》，卷 71，丘濬〈漕運之宜〉，頁 17 上～18 上。
〔註 63〕 明‧梁夢龍，《海運新考》（《四庫全書存目叢書》史部 274，臺南：莊嚴文化事業有限公司，1996 年 8 月初版 1 刷，據遼寧省圖書館藏明萬曆刻本），卷上，〈海運蠡測〉，頁 18 下～19 下。

不應只依賴漕運，應漕、海運並行。〔註64〕此建言被明穆宗採用，隔年（隆慶六年）三月，以海運方式，運米十二萬石，五月順利抵達天津，王宗沐與梁夢龍均受進秩與褒獎。〔註65〕大學士高拱（1512～1574）同樣贊同梁夢龍與王宗沐的海運並行，豈能因偶有六、七艘海運船漂溺而因噎廢食，廢除海運，且海運較諸漕河輓運省無窮之力，又可舒緩漕河修築之迫切，實爲萬年之計。〔註66〕但海運之行，到萬曆元年（1573），高拱去職，張居正繼首輔位時，盡反高拱海運之行，殊爲可惜！〔註67〕同樣在萬曆時期（1573～1620），雖翰林院編修顧起元（1565～1628）認爲定都金陵較定都北京爲佳，但仍贊成王宗沐之議，以河、海漕並行的方式較漕運，是唐、宋之關中與汴京比較不如我朝京師的要因。〔註68〕

從宋代的五十萬石、元代的三百萬石到明成化八年的四百萬石，漕運量持續增加，這對東南百姓來講，無疑是極大的負擔。雖然顧起元與王宗沐等人有思改善，但也只能思而興嘆，因無居力挽狂瀾之要職矣！繼之別開蹊徑解決北方糧食問題的是徐貞明，他提到當今（時萬曆初年）經國大事，切且要者，莫過於發展西北水利，以求改善北方糧食問題。〔註69〕

第二節　地理環境

一、地理位置

明代北直隸地理位置約在北緯 35°～40°，東經 114°～119°之間，北

〔註64〕明・張居正等，《明穆宗實錄》（京都：中文出版社，1984 年 5 月，據中央研究院歷史語言研究所民國 51 年刊本縮印），卷 68，隆慶六年三月丙午條，頁7 下～8 下。

〔註65〕清・張廷玉等，《明史》，卷 223，〈列傳第一百十一〉，頁 5877。

〔註66〕明・高拱，《高文襄公集》（《四庫全書存目叢書》集部 108，臺南：莊嚴文化事業有限公司，1997 年 6 月初版 1 刷，據北京圖書館藏明萬曆刻本），卷 31，〈本語〉，頁 33 下～35 上。

〔註67〕清・孫承澤，《春明夢餘錄》（臺北：大立出版社，民國 69 年 10 月），卷 46，〈工部一〉，頁 36 下。有關高拱與張居正對海運意見的分歧，詳參：韋慶遠，《張居正和明代中後期政局》（廣東：廣東高等教育出版社，1999 年 3 月第 1版第 1 刷），頁 749～757。

〔註68〕明・顧起元，《客座贅語》（北京：中華書局，1997 年 11 月第 1 版第 1 刷），卷 2，〈水利〉，頁 57。

〔註69〕明・徐貞明，《潞水客談》，頁 1。

方有燕山山脈，西方則有太行山山脈（見圖 3-3），地處中國華北平原境內，水系屬於海河水系。〔註70〕北直隸行政區明太祖洪武二十年（1387），大寧府廢除後，北平布政司領有北平（永樂元年改順天）永平、順天、河間、大名、廣平、順德、眞定、保定，8 府所組成，直至明末未改，京師（北京）則位於順天府境內。明初針對元代的政區弊病採取了幾項措施，首先廢除府轄州的附郭縣，這是因爲元代的州級政區轄區不大，無需附郭縣，許多元代的州因地位下降，管轄的地域與人口都與縣相去不遠，所以在明太祖洪武年間（1368～1398），大量的州改爲縣，使之便於地方管理。明武宗正德九年（1514）之後，北直隸「府八，直隸州二，屬州十七，縣一百一十六」這個數目至明末未變。萬曆中東明縣改隸開州，此後北直隸的府州縣隸屬也未再變化。〔註71〕

二、氣候特徵

明代（1368～1644），冬季和現在比較，相對寒冷，〔註72〕處於所謂「小冰期」，〔註73〕氣候也較元代乾旱，所以明代中葉以後，旱災和饑荒連年，明代末葉的前半期（明世宗嘉靖三十六年～明神宗萬曆二十七年，1557～1599），屬於中國歷史上的第四個冷期，但是卻爲夏寒冬暖的情況，〔註74〕春秋溫度驟變，無霜期很短。〔註75〕位於海河流域北直隸，屬於溫帶季風性氣候，年均溫在南部約 14℃左右，北部約 0℃。同緯度地區，由於受海洋影響，西部比東部氣溫較低，年平均降雨量約 548mm 左右，氣候四季分明，冬季氣候乾冷，夏季氣候溼熱，年均溫以 1 月最低，7 月最高，季節的變化，氣溫升降很快，降水量主要集中於夏季（6～9 月），7、8 月降水量佔全年的一半以上，春季（3～5 月）是各類作物萌發生長的季節，但降水量只佔全年的 8%

〔註70〕 詳參：譚其驤主編，《中國歷史地圖集》第七冊（元明時期）（北京：中國地圖出版社，1996 年 6 月第 1 版第 1 刷），頁 44～45。

〔註71〕 周振鶴主編；郭紅、靳潤成著，《中國行政區劃通史·明代卷》（上海：復旦大學出版社，2007 年 8 月第 1 版第 1 刷，頁 14～15。清·張廷玉等，《明史》，卷 40，〈志第十六〉，頁 884。

〔註72〕 竺可楨，〈中國近五千年來氣候變遷的初步研究〉（收入唐曉峰、黃義軍編，《歷史地理學讀本》，北京：北京大學出版社，2006 年 1 月第 1 版第 1 刷），頁 25。

〔註73〕 高壽仙，《明代農業經濟與農村社會》（合肥：黃山書社，2006 年第 1 版第 1刷），頁 95。

〔註74〕 劉昭民，《中國歷史上氣候之變遷》（臺北：臺灣商務印書館，1994 年 7 月修訂版第 2 刷），頁 135、145。

〔註75〕 鄒逸麟，〈明清時期北部農牧過渡帶的推移和氣候寒暖變化〉（收入鄒逸麟，《椿廬史地論稿》，天津：天津古籍出版社，2005 年 5 月第 1 版第 1 刷），頁 318。

～16％，因此北直隸地區具有夏季暴雨集中，冬春雨雪稀少，春旱、秋澇的特點。〔註76〕

　　地形地貌的不同，降水量也有不同，山區因來自太平洋海洋暖濕氣流受地形擡升影響，在燕山、太行山迎風坡形成一條多雨地帶的地形雨，年平均降雨量約 600～700mm；背風坡的年平均降水量在 400～500mm 之間，滹沱河上游河谷地一帶年平均降水量則不足 400mm；河北平原中部，因受泰山等山區的阻擋，來自海洋的水氣減少和地處背風坡等因素，降水量少於 600mm。〔註77〕

三、晉冀植被

　　明代海河流域上游，太行山在北宋時期，仍是主要的森林覆蓋地，樹木種類繁多，直到明初，五臺山森林仍舊保存良好。〔註78〕山西地區在明代前期林木茂盛，恆山、太行山北段到燕山脈，自偏頭、鴈門、紫荊，歷居庸潮河川、喜峰口，直至山海關一帶，綿延數千餘里的地方，山勢高險，林木茂密，以致人馬不通。〔註79〕丘濬亦言：「渾、蔚（今蔚縣）等州，高山峻嶺，蹊徑狹隘，林木茂密，可以限敵騎馳突。」〔註80〕但不知從何人何時開始，以取薪炭之故，營建之因，開始大量開採此間林木，丘濬意識到事態嚴重：

> 伐木取材，折枝爲薪，燒柴爲炭，致使木植日稀，蹊徑日通，……
> 木生山林，歲歲取之無有已時，苟生之者不繼，則取之者盡矣。……
> 竊（丘濬）有一見，請於邊關一帶，東起山海以次而西，於其近邊
> 內地，隨其地之廣狹險易，沿山種樹，一以備柴炭之用，一以爲邊
> 塞之蔽于以限敵人之馳騎，于以爲官軍之伏地，每山阜之側，平衍
> 之地，隨其地勢高下，曲折種植榆柳，或三、五十里，或七、八十
> 里。〔註81〕

〔註76〕石超藝，《明以來海河南系水環境變遷研究》（上海：復旦大學歷史地理研究中心博士學位論文，2005 年 4 月），頁 4。

〔註77〕石超藝，《明以來海河南系水環境變遷研究》，頁 6。

〔註78〕滕崇德、張啓耀，〈山西植被的歷史變遷〉，《河東學刊》，1998 年 6 月第 16 卷第 2 期，頁 32。

〔註79〕劉洪升，〈明清濫伐森林對海河流域生態環境的影響〉，《河北學刊》，2005 年 9 月第 25 卷第 5 期，頁 134。明・陳子龍編，《明經世文編》，卷 63，馬文升〈爲禁伐邊山林木以資保障事疏〉，頁 21 上。

〔註80〕明・黃訓編，《名臣經濟錄》（《文淵閣四庫全書》史部 202，臺北：臺灣商務印書館，民國 73 年 7 月初版），卷 43，丘濬〈守邊固圉之略〉，頁 19 上。

〔註81〕明・丘濬，《大學衍義補》（《文淵閣四庫全書》子部 19，臺北：臺灣商務印書

明代永樂到正統年間（1403～1449），邊防山林樹木，無人敢輕易砍伐，而胡人亦不敢輕易犯境，但明憲宗之後，情況已變：〔註82〕

> 在京風俗奢侈，官民之家，爭起第宅。木植價貴，所以大同、宣府窺利之徒，官員之家，專販筏木，往往催覓彼處軍民，糾眾入山，將應禁樹木任意砍伐。……修造私宅或修蓋不急衙門或饋送親戚勢要，動輒私役官軍入山砍木，牛拖人拽，艱苦萬狀，怨聲盈途，莫敢控訴，其本處取用者，不知其幾何，販運來京者，一年之間，豈止百十餘萬，且大木一株，必數十年方可長成。今以數十年生成之木，供官私砍伐之用，即今伐之，十去其六七，再待數十年，山林必爲之一空矣。〔註83〕

到了明孝宗時，伐木情形加劇，昔日易州（治所在今河北省易縣）林木蓊鬱，便於燒採，但到了今日，則數百里內，山皆濯然。〔註84〕閻繩芳《鎮河樓記》載：明武宗之前，樹木叢茂，百姓很少上山伐木，豐富植被未遭到毀滅性的破壞，夏季六、七月雨量集中的季節，汾河終年未見改道或乾涸，祁縣百姓得以濬支渠灌溉田畝數千頃。但明世宗以來，人民競相採木，而當地人任何可墾以爲田地的山地，必劃削成田無遺，若遇到暴雨，則成山洪爆發，衝決田廬，河流遷徙無定。〔註85〕邊防之地，經胡守中等人日益採伐，萌蘗早已殆盡。〔註86〕直到明穆宗時，民間在保定、衛州等地方的山林樵採砍伐，有司仍不能加以禁止。〔註87〕

館，民國74年2月初版），卷150，〈治國平天下之要〉，頁4上～6下。

〔註82〕 明‧陳子龍編，《明經世文編》，卷63，馬文升〈爲禁伐邊山林木以資保障事疏〉，頁21下。

〔註83〕 明‧陳子龍編，《明經世文編》，卷63，馬文升〈爲禁伐邊山林木以資保障事疏〉，頁21下～22上。

〔註84〕 明‧戴銑修，《弘治易州志》（《天一閣藏明代方志選刊》（三），臺北：新文豐出版社，民國74年，據寧波天一閣藏明弘治刻本景印），卷3，〈公署〉，頁8上。

〔註85〕 清‧覺羅石麟等監修：儲大文等編纂，《山西通志》，卷29，〈水利〉，頁47上下。

〔註86〕 清‧和珅等奉敕撰，《欽定熱河志》（《文淵閣四庫全書》史部254，臺北：臺灣商務印書館，民國73年7月初版），卷93，〈物產二〉，頁13下。明‧陳子龍編，《明經世文編》，卷357，龐尚鵬〈酌陳備邊末議以廣屯種疏〉，頁11下。

〔註87〕 明‧張居正等，《明穆宗實錄》，卷33，隆慶三年六月辛巳條，頁2下。另有關明代山林問題請詳參：蔡嘉麟，《明代的山林生態——北邊防區護林伐木失衡的歷史考察》（臺北：中國文化大學史學研究所博士論文，民國95年5月）。

其實明初的移民屯田政策就是對生態環境的破壞，[註88]至洪武二十八年（1935），當時全國耕地總面積已達到八百五十多萬頃的創紀錄數字，這個數字比清兵入關後，經歷了一百餘年的土地總數還要大。[註89]連山之懸崖峭壁，也是無尺寸不耕的地步，[註90]甚至木馬草場都不例外，那平地的開發更是不得而知。[註91]開墾的結果，雖有大量的農作物收成，但未做好水土保護的措施，在幾年之後，飢荒問題紛呈。到了隆慶元年（1567），沿邊玉林、雲川、威遠、平虜等各鎮屯田之處，因屯丁流亡之故，田地多成為鹵鹹或沙磧之地，[註92]造成明憲宗以來，每每風起，已是「黃塵四塞」、「揚塵四塞」：

表 3-1：《明實錄》載「黃塵四塞」、「揚塵四塞」發生年代紀錄： [註93]

時　　間	黃塵四塞	揚塵四塞
明憲宗成化年間 （1465～1487）	五年，閏二月（己未條）	二十三年十二月（壬午條）

[註88] 楊昶，〈明代的生態環境思想及相關科技成就考論〉（收入張全明，王玉德等著，《生態環境與區域文化史研究》，武漢：崇文書局，2005 年 6 月第 1 版第 1 刷），頁 434。

[註89] 黃冕堂，《明史管見》（濟南：齊魯書社，1985 年 3 月第 1 版第 1 刷），頁 146。

[註90] 明‧陳子龍編，《明經世文編》，卷 359，龐尚鵬〈清理山西三關屯田疏〉，頁 7 下。

[註91] 史念海，〈司馬遷規劃的農牧地區分界線在黃土高原上的推移及其影響〉（收入史念海，《河山集‧九集》，西安：陝西師範大學出版社，2006 年 12 月第 1 版第 1 刷），頁 137。

[註92] 明‧張居正等，《明穆宗實錄》，卷 11，隆慶元年八月癸巳條，頁 7 下～8 上。

[註93] 明‧劉吉等，《明憲宗實錄》，卷 64，成化五年閏二月己未條，頁 1 上。明‧李東陽等，《明孝宗實錄》（京都：中文出版社，1984 年 5 月，據中央研究院歷史語言研究所民國 51 年刊本縮印），卷 7，成化二十三年十二月壬午條，頁 7 下；卷 11，弘治元年二月己亥條，頁 3 上；卷 24，弘治二年三月甲子條，頁 2 上。明‧費宏等，《明武宗實錄》（京都：中文出版社，1984 年 5 月，據中央研究院歷史語言研究所民國 51 年刊本縮印），卷 22，正德二年閏正月癸酉條，頁 12 上；卷 35，正德三年二月辛巳條，頁 4 上；卷 48，正德四年四月癸亥條，頁 1 上；卷 72，正德六年二月乙巳條，頁 10 下；卷 74，正德六年四月甲辰條，頁 7 下。明‧張居正等，《明世宗實錄》，卷 264，嘉靖二十年二月壬申條，頁 6 上；卷 333，嘉靖二十七年三月丁丑條，頁 6 下；卷 357，嘉靖二十九年二月壬戌條，頁 4 上；卷 358，嘉靖二十九年三月丙戌條，頁 3 下；卷 417，嘉靖三十三年十二月己丑條，頁 8 上；卷 434，嘉靖三十五年四月丙午條，頁 4 下；卷 439，嘉靖三十五年九月庚辰條，頁 5 下；卷 488，嘉靖三十九年九月丁亥條，頁 5 上；卷 491，嘉靖三十九年十二月丙辰條，頁 5 下。明‧張居正等，《明穆宗實錄》，卷 7，隆慶元年四月丙申條，頁 7 下。

明孝宗弘治年間 （1488～1505）	弘治元年二月（己亥條）	
	弘治二年三月（甲子條）	
明武宗正德年間 （1506～1521）	正德四年四月（癸亥條）	正德三年二月（辛巳條）
	正德六年二月（乙巳條）	
	正德六年四月（甲辰條）	
明世宗嘉靖年間 （1521～1566）	嘉靖二十九年三月（丙戌條）	嘉靖二十年二月（壬申條）
		嘉靖二十七年三月（丁丑條）
		嘉靖二十九年二月（壬戌條）
		嘉靖三十三年十二月（己丑條）
		嘉靖三十五年四月（丙午條）
		嘉靖三十五年九月（庚辰條）
		嘉靖三十九年九月（丁亥條）
		嘉靖三十九年十二月（丙辰條）
明穆宗隆慶年間 （1567～1572）	隆慶元年四月（丙申條）	

　　由《明實錄》的記載，表 3-1 中塵土飛揚的問題在明憲宗以後已逐步明朗
化，尤其是嘉靖三十九年，四個月（9～12）內竟然出現了兩次「揚塵四塞」
的問題，可見開墾與伐林過度的關係，山西、河北等地自然環境已嚴重遭到
破壞。

　　對於河流流量的增減最有影響力的是植被的有無，因森林有涵養水分的
功能，沒有森林，一旦下暴雨，就有造成山洪爆發的問題。〔註94〕中國歷史
上夏代至明代為止，森林覆蓋率以明代最少，只有 26%～21%。〔註95〕河北、
山西森林面積日益縮小的結果，造成大量的水土流失，尤其是華北平原雨量
集中於夏季，更是對北直隸等地方田畝造成威脅，對此，周用曾上疏明世宗：

> 河南府州縣，密邇黃河，地方歷年親被衝決之患，民間田地，決裂
> 破壞，不成壠畝，耕者不得種，種者不得收，徒費工力。〔註96〕

況且對森林的破壞，勢必加劇水土流失，導致山西、河北的境內的海河水系
河流含沙量大幅增加，〔註97〕使京畿地區成為水災頻繁之地。

〔註94〕 史念海，《黃土高原歷史地理研究》（河南：黃河水利出版社，2002 年 11 月第
　　　　 1 版第 2 刷），頁 168。
〔註95〕 高壽仙，《明代農業經濟與農村社會》，頁 98。
〔註96〕 明·陳子龍編，《明經世文編》，卷 146，周用〈理河事宜疏〉，頁 8 下。
〔註97〕 李心純，《黃河流域與綠色文明──明代山西河北的農業生態環境》（北京：

四、海河[註98]水系

　　王莽始建國三年（11），黃河改道南徙，河北平原擺脫黃河的影響，為海河水系形成創造了條件，[註99]而水系的形成於後漢建安年間，[註100]其沖積的範圍西起太行山，東至渤海，南到黃河，北到燕山，[註101]北部的燕山山脈成東西走向與西部東北—西南走向的太行山山脈構成了「厂」字型（見圖 3-3）的天然屏障，其流域面積約占中國總面積的 3.3%，是一個典型的輻聚狀水系系統，水系上寬下窄、上大下小，上游支流水系繁多，到了下游形成主要幹流，集中入海，[註102]是明代北直隸主要河流水系。

（一）灤河

　　灤河源出於宣化府（今河北省宣化縣）西邊一百二十里炭山東北，流經古北口（今密雲縣東北一百二十里古北口）邊外七百里與九流河與諸水合而東入柳河（遵化縣北）有青龍河及寬河來匯，[註103]東過黃臺山（在今河北遷安縣西南三里）之箕石去遷安縣三里納要孤水，灤河至此，其勢愈大，每逢雨量集中的夏、秋之季，河水之盛，波濤澎湃，有如江湖之勢。又南入盧龍縣南邊與漆河合，入樂亭縣（治所在今河北樂亭縣）界，由縣東界南流入海。[註104]灤河最大特性是每逢夏季河水泛濫，田廬、人畜多遭淹沒，形成

　　　　　人民出版社，1999 年 4 月第 1 版第 1 刷），頁 75～76。

〔註98〕明代北直隸水系主要屬海河水系，據學者南炳文考證，在明代，海河最通行的名稱為「直沽」，直到明神宗萬曆末年，「海河」一詞始出現於徐光啟〈糞壅規則〉一文中。因現代著作多以「海河」水系稱呼明代北直隸水系，本文也以此稱之。「海河」一詞詳參：南炳文，〈海河得名臆釋〉（收入南炳文，《明史新探》，北京：中華書局，2007 年 4 月第 1 版第 1 刷），頁 382～382。

〔註99〕李紅有，〈海河平原水環境的演變及思考〉，《北京水利》，2006 年第 10 期，頁 38。

〔註100〕譚其驤，〈海河水系的形成與發展〉（收入譚其驤，《長水粹編》，河北：河北教育出版社，2002 年 1 月第 1 版第 2 刷），頁 531～532。

〔註101〕李紅有，〈海河平原水環境的演變及思考〉，頁 38。

〔註102〕張修桂，《中國歷史地貌與古地圖研究》（北京：社會科學文獻出版社，2006年第 1 版第 1 刷），頁 319～321。查《中國歷史地圖集》雖灤河水系在萬曆十年（1582）已獨流入海，因歷史上灤河曾納入海河水系，且徐貞明開發農田水利於灤河水系中，因此本文將灤河水系一併納入海河水系中討論。另外，必須說明的是，因本論文研究之需要，海河水系中，只備述灤河、永定河、滹沱河等河系。詳參：譚其驤主編，《中國歷史地圖集》第七冊（元明時期），頁 44～45。譚其驤，〈海河水系的形成與發展〉，頁 543。

〔註103〕董天華等修，李茂林等纂，《盧龍縣志》（臺北：成文出版社，民國 57 年 8 月臺 1 版，據民國 20 年鉛印），卷 3，〈河流〉，頁 8 上。

〔註104〕明，李賢等奉敕撰，《明一統志》（《文淵閣四庫全書》史部 230，臺北：臺灣

汪洋巨浸，可謂「水性無定」。〔註105〕

灤河即古時稱爲濡水，〔註106〕據清同治《畿輔通志》考證，其灤河之名始見於《舊唐書・本紀第八》載「薛訥與副將杜賓客、崔宣道等總兵六萬自檀州道遇賊於灤河」。又《新唐書・志第二十九》有「東北渡灤河有古盧龍鎮」之文，因此濡作灤由唐代人所改。〔註107〕灤河納入海河水系始於後漢建安十一年（206）曹操爲征烏桓從泃河口鑿泉州渠（北連雍奴縣泃河河口，南至泉州縣潞河河口）入潞河至東南雍奴縣（今河北霸州市、永清、文安、大城及天津市靜海縣之間）西連接笥溝再至東南泉州縣（今天津市武清縣西南）與清河（今海河）合向東流入於海。〔註108〕灤河（濡水）納入海河水系乃因灤河向東南流，經樂安亭南時，藉由曹操所開鑿的新河與鮑丘水相接，因而進入海河水系。〔註109〕但灤河於海河水系的時間並不長，《水經注・濡水》中已稱新河爲「故瀆」，可見灤河至晚在北魏晚期已退出了海河水系。〔註110〕

（二）渾河〔註111〕

渾河在宛平縣西三十里即古濕水也，亦曰盧溝河、渾河、桑乾河、無定

　　商務印書館，民國73年7月初版），卷5，〈永平府〉，頁5上。清・唐執玉、李衛等監修，田易等纂，《畿輔通志》，卷21，〈川〉，頁51上～6上。明・吳傑修，吳棋纂，《弘治永平府志》（《天一閣藏明代方志選刊續編》，上海：上海書店，1990年，據明弘治刻本影印），卷1，〈山川〉，頁9下。

〔註105〕董天華等修，李茂林等纂，《盧龍縣志》，卷3，〈河流〉，頁7下。

〔註106〕清・和珅等奉敕撰，《欽定熱河志》，卷69，〈水一〉，頁14上。

〔註107〕清・李鴻章等纂修，《畿輔通志》（臺北：華文書局，民國57年12月初版，據宣統二年北洋官報兼印刷局石印），卷76，〈略三十一〉，頁3下。後晉・劉昫等，《舊唐書》，卷139，〈本紀第八〉，頁173。宋・歐陽修等，《新唐書》，卷41，〈志第二十九〉，頁1022。

〔註108〕晉・陳壽，《三國志》，卷1，〈魏書一〉，頁28。陳橋驛，《水經注校釋》（杭州：杭州大學出版社，1999年4月第1版第1刷），卷14，〈沽河〉，頁249。

〔註109〕陳橋驛，《水經注校釋》，卷14，〈濡水〉，頁257。譚其驤主編，《中國歷史地圖集》第三冊（三國西晉時期）（北京：中國地圖出版社，1996年6月第2版第3刷），頁13～14。

〔註110〕陳橋驛，《水經注校釋》，卷14，〈濡水〉，頁257。譚其驤，〈海河水系的形成與發展〉，頁569～570。張修桂，《中國歷史地貌與古地圖研究》，頁343。

〔註111〕因渾河常遷徙不定，清康熙三十七年（1698），鑑於古無定之稱，遂思萬世永賴，乃賜名永定河。詳參：清・和珅等奉敕撰，《欽定大清一統志》（《文淵閣四庫全書》史部232，臺北：臺灣商務印書館，民國73年7月初版），卷5，〈順天府二〉，頁5上。

河等，〔註112〕在歷史的進程中，因應時代的轉變，各時期有不同的因應措施，如三國至隋唐時期，主要以灌溉及運輸為主；遼金至明清時期，則以修築堤防兼及灌溉為主。〔註113〕由於渾河在歷史上遷徙範圍廣大，北起北京清河河谷窪地，南到河北北洋淀至文安窪北側，〔註114〕均是渾河遷徙範圍。近來有學者稱永定河（渾河）是北京的母親河，其主要的原因乃因渾河沖積平原為北京城的發展提供了優越的地理空間，且直接或間接地成為北京城的主要水源。〔註115〕

渾河或盧溝河，上源為桑乾河，作為海河支流的桑乾河是經太行山而東流的最北的一條大川，〔註116〕其源渾源州，經保安（懷來西北新保安）之境，自懷來穿西山（明代北京城西邊），而下，至盧溝橋狼窩地方，因地勢平坦開闊，土質疏鬆，河流衝激震盪，遷徙無常，勝朝屢經修築，花費亦不少。〔註117〕

除了地形因素外，主要還是對於上由森林的砍伐，明宣宗宣德三年（1428），對渾河上游的森林就有採伐記錄：

　　上諭行在工部曰：「畿內百姓採運柴薪聞甚艱難，自今止發軍夫於白

　　河、渾河上流山中採伐，順流運至通州及盧溝橋積貯以供用。〔註118〕

到了正統三年（1438），依舊採伐嚴重，利用渾河河道運至貯小屯廠以備支用，〔註119〕從表3-2得知，渾河在明代，河患頻傳：

〔註112〕清・唐執玉、李衛等監修，田易等纂，《畿輔通志》，卷21，〈川〉，頁6下。
　　　　清・陳儀，《直隸河渠志》（《文淵閣四庫全書》史部337，臺北：臺灣商務印書館，民國73年10月初版），頁8上。
〔註113〕李紅有，〈歷史上永定河開發治理分析〉，《北京水利》，2005年第6期，頁57。
〔註114〕于德源，《北京漕運和倉場》（北京：同心出版社，2004年6月第1版第1刷），頁2。
〔註115〕尹鈞科，〈永定河與北京〉（收入陝西師範大學西北歷史環境與經濟社會發展研究中心編，《歷史環境與文明演進──2004年歷史地理國際學術研討會論文集》，2005年12月第1版第1刷），頁531～532。
〔註116〕史念海，〈黃土高原主要河流流量的變遷〉，《中國歷史地理論叢》，1992年第2期，頁8。
〔註117〕明・徐貞明，《潞水客談》，頁7。
〔註118〕明・楊士奇等，《明宣宗實錄》（京都：中文出版社，1984年5月，據中央研究院歷史語言研究所民國51年刊本縮印），卷40，宣德三年三月癸巳條，頁1下。
〔註119〕明・陳文等，《明英宗實錄》，卷43，正統三年六月壬戌條，頁4上。

表 3-2：明代渾河泛決表〔註 120〕

時　　間	水患災情	史料出處
永樂七年六月	順天府固安縣言渾河決賀家口傷禾稼。	1.《明太宗實錄》永樂七年六月癸卯條。 2.《明史·志第六十三》。
永樂七年八月	渾河決於固安傷禾稼。	《明太宗實錄》永樂七年八月甲子條。
永樂十年	壞盧溝橋及堤岸，沒官田民廬，溺死人畜。	《明史·志第六十三》。
洪熙元年	決東狼窩口。	《明史·志第六十三》。
宣德三年六月	行在工部奏北京渾河水溢衝決盧溝河堤百餘丈，今水勢日增，傷民田稼。	1.《明宣宗實錄》宣德三年六月甲申條。 2.《明史·志第六十三》。
宣德九年六月	水決北京渾河東崖自狼窩口至小屯廠，命都督鄭銘前往修築。	1.《明宣宗實錄》宣德九年六月庚午條。 2.《明史·志第六十三》。
正統四年六月	小屯廠西堤為渾河水所決；通州至直沽堤閘三十一處為雨潦所決。	《明英宗實錄》正統四年六月壬午條。
正統四年八月	久雨白溝渾河二水溢決，順天府保定縣及保定府安州五十餘處。	1.《明英宗實錄》正統四年八月丙子條。 2.《明史·志第六十三》。
正統八年六月	渾河水溢決固安縣賈家里張家口等。	《明英宗實錄》正統八年六月己酉條。
正統十一年三月	順天府固安縣奏吳家口堤岸決壞，渾河及黑洋淀水俱從此衝入，其勢瀰漫不得閉塞。	《明英宗實錄》正統十一年三月庚午條。
正統十一年六月	久雨，渾河水泛決固安縣賈家等里屯、張家等口隄。	《明英宗實錄》正統十一年六月甲子條。

　　然而對於渾河的治理，明代多用何處潰決，何處築堤，這只是治標而不是治本的方法，少師謹身殿大學士兼工部尚書楊榮（1371～1440）的〈固安隄記〉就對渾河之勢與修堤詳細敘述：

〔註120〕明·楊士奇等，《明太宗實錄》，卷93，永樂七年六月癸卯條，頁1下；卷95，永樂七年八月甲子條，頁5下。明·楊士奇等，《明宣宗實錄》，卷95，宣德三年六月甲申條，頁1上；卷111，宣德九年六月庚午條，頁6上。明·陳文等，《明英宗實錄》，卷56，正統四年六月壬午條，頁2上；卷58，正統四年八月丙子條，頁1上；卷105，正統八年六月己酉條，頁12下；卷139，正統十一年三月庚午條，頁1下；卷142，正統十一年六月甲子條，頁8下。

天下之難治者莫踰水，而治水之先者尤莫踰京師。……盧溝之河發
源太原，……至京城西四十里石經山之東，地勢平而土脉疏，衝激
震蕩，遷徙弗常，……流十五里距盧溝不遠，有曰狼窩口，時復衝
決，漫流而東，浸沒田廬。永樂間屢嘗修築，輒復頹圮。今聖天子
（明英宗）嗣位，命工部侍郎李庸、内官監少監姜山義往任厥事，
復命太監阮公安、少保工部尚書吳公中總其事宜，敕其務存堅久，
勿爲苟且，庶幾暫勞永逸。……始于正統元年冬，畢工于二年夏，……
賜名固安隄，命置守護者二十家。〔註121〕

明神宗亦曾駕幸渾河，感嘆渾河洶湧之勢。〔註122〕雖然在保安境，傳聞有用
土牛逼水成田的方法治理渾河河患，也就是促淤或攔沙的小型工程設施，有
助於減少永定河下游的泥沙。〔註123〕貞明認爲「土牛逼水成田」的方法並不
能行之久遠，若要治理渾河水患，應委派一位督責之人，招募人員，於桑乾
河上流，分流引水成田，如此，保安境内，農田可免於無患，且懷來以下，
水患亦減。〔註124〕這也是徐貞明於《潞水客談》一書中最強調的治河方法：

治水之法，……各因其勢，不可強也。然其致力，當先於水之源，
源分則流微而易御，田漸成則水漸殺，水無汎溢之餘，田無衝激之
患矣。〔註125〕

如此一來，可治水患，又可灌溉農田，百姓也可免於水患衝激之苦。「治水先
治源，分水勢」的方法，可得利於雙方面。

（三）滹沱河

今天的滹沱河是海河水系中，子牙河水系最大的支流，〔註126〕後漢建安
十一年（206），曹操爲征伐烏丸，從泜入泒水，稱爲平虜渠（故道即今青縣
至獨流鎮間一段南運河的前身），〔註127〕滹沱河開始納入海河水系。〔註128〕

〔註121〕明・楊榮，《文敏集》（《文淵閣四庫全書》集部179，臺北：臺灣商務印書館，
　　　　民國74年12月初版），卷9，〈固安隄記〉，頁8下～9上。
〔註122〕明・不著撰人，《明神宗實錄》，卷203，萬曆十六年九月甲子條，頁3下。
〔註123〕盧嘉錫總主編；周魁一著，《中國科學技術史・水利卷》（北京：科學出版社，
　　　　2002年12月第1版第1刷），頁196。
〔註124〕明・徐貞明，《潞水客談》，頁7。
〔註125〕明・徐貞明，《潞水客談》，頁7。
〔註126〕石超藝，〈明以降滹沱河平原段河道變遷研究〉，《中國歷史地理論叢》，2005
　　　　年7月第20卷第3輯，頁62。
〔註127〕晉・陳壽，《三國志》，卷1，〈魏書一〉，頁28。

滹沱河位於恆山南方，〔註 129〕發源於山西代州繁峙縣（今繁峙縣）東北三十
里泰戲山下，西南七十五里，孤山村之西，其源有三形如品字，因而有品字
泉之稱，滙五臺山代縣（山西代縣）、忻縣（治所山西忻州市）與定襄縣（治
所在今山西大同市）等諸縣川水，再流向東南七十里至五臺縣（治所在今山
西五臺縣），又東南八十里至盂縣（治所在今山西大盂鎮）踰越高峰口出太行
山縱谷，蜿蜒向東流，到北直隸平山縣（今河北平山縣）納冶河（即古綿蔓
水，源出山西壽陽），水勢洶湧澎湃，流至正定縣（今河北正定縣）以西山勢
險峻，水勢急促，因其所流經之地，河道均為山地所約束，因此少有遷移，
直至藁城縣馮村與兩河村之間，因地勢徒降，流入平原，流勢泛流，明憲宗
成化八年，滹沱河潰決於紫城口而南流入寧晉泊會衛河入海。明武宗正德十
三年（1518），紫城口淤塞，滹沱河分流為二，一仍向寧晉泊北流向釜陽河再
入衛河入海；另一股東溢束鹿縣（治所在今河北辛集市東北舊城鎮）〔註 130〕
鴨兒河入深州北流與豬龍河平行，流向衛河入海，於是釜陽河（又稱釜河）
以北，豬龍河（滋河為上游支河之一）以南一百數十里間成為激盪遷徙之域。
〔註 131〕

〔註 128〕 譚其驤，〈海河水系的形成與發展〉（收入譚其驤，《長水粹編》，河北：河北
教育出版社，2002 年 1 月第 1 版第 2 刷），頁 540。

〔註 129〕 明・石珤，《熊峰集》（《文淵閣四庫全書》集部 198，臺北：臺灣商務印書館，
民國 74 年 12 月初版），卷 5，〈滹沱河記〉，頁 27 下。

〔註 130〕 唐明皇因安祿山造反，改常山之鹿泉曰：獲鹿；饒陽之鹿城曰：束鹿。詳參：
史為樂主編，《中國歷史地名大辭典》，頁 1241。

〔註 131〕 明・蔡懋昭修纂，《隆慶趙州志》（《天一閣藏明代方志選刊》（二），臺北：新
文豐出版社，民國 74 年，據寧波天一閣藏明隆慶刻本景印），卷 1，〈山川〉，
頁 12 下～13 上。明・翟耀修，石徑世纂，秦繼宗續纂，《（萬曆）饒陽縣志》
（北京：中華全國圖書館文獻縮微複制中心，2000 年 6 月），卷 3，〈記述〉，
頁 55 下。清・劉昆，《（康熙）束鹿縣志》（臺北：成文出版社，民國 57 年 8
月臺 1 版，據民國 26 年鉛印本），卷 1，〈山川〉，頁 24 下～25 上。劉東藩修，
王召棠編輯，《晉縣志料》（臺北：成文出版社，民國 63 年臺 1 版，據民國
24 年石印本），卷上，〈地理志〉，頁 1 下。伊承熙等修；張震科等纂，《寧晉
縣志》（臺北：成文出版社，民國 58 年臺 1 版，據民國 18 年石印本），卷 1，
〈封域志〉，頁 6 上下。

圖 3-1：明前期滹沱河主要河道示意圖

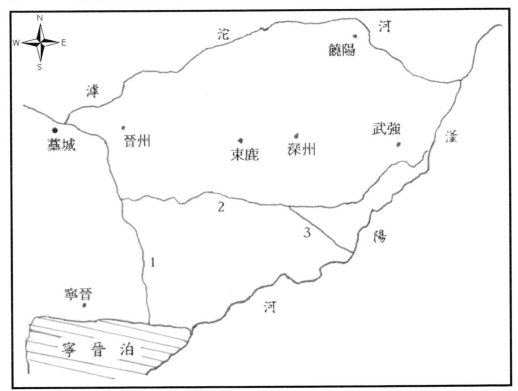

資料來源：改繪自石超藝，《明以來海河南系水環境變遷研究》，頁 54，圖 3.2。

說明：1. 為明初至正德十二年間一直是滹沱河的正流。

　　　2. 為洪武十一年時徙成的河道，穩定時間為 28 年。

　　　3. 為永樂十六年徙成河道，穩定時間為 54 年。〔註132〕

〔註132〕石超藝，《明以來海河南系水環境變遷研究》，頁 54。

圖 3-2：明後期滹沱河主要河道示意圖

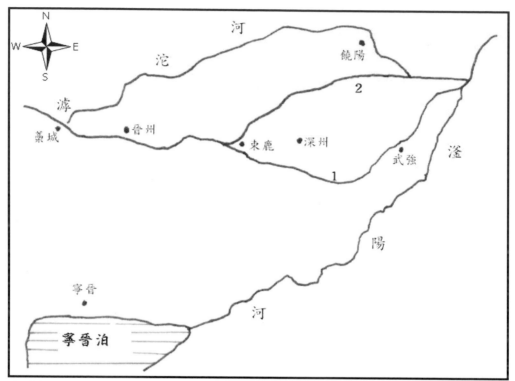

資料來源：改繪自石超藝，《明以來海河南系水環境變遷研究》，頁 57，圖 3.3。

說明：1. 爲正德十二年徙成河道，穩定時間 41 年。

　　　2. 爲天啓二年徙成河道，此一河道基本上反映明後期滹沱河路線方向。〔註 133〕

　　滹沱河水性驕悍、土鬆善崩、壅決不常，〔註 134〕且善潰、善徙、善淤、多泥沙，滹沱河衝入寧晉泊，帶來了嚴重後果，〔註 135〕歷來寧晉泊爲患，總因釜陽河地勢較寧晉泊高，一旦遇到釜陽河泛溢時，河水反灌寧晉泊，泊水不能歸河，以致夏秋雨量集中之季，便成巨浸漂沒田稼，沖毀民舍。〔註 136〕明初洪武年間，滹沱河自眞定縣（治所在今河北石家莊市東北）西南抵束鹿

〔註 133〕石超藝，《明以來海河南系水環境變遷研究》，頁 57。

〔註 134〕王樹枏等纂修，《冀縣志》（臺北：成文出版社，民國 57 年臺 1 版，據民國 18 年鉛印本），卷 3，〈河流〉，頁 13 下。

〔註 135〕清・李文耀，《乾隆束鹿縣志》（臺北：成文出版社，民國 57 年 8 月臺 1 版，據民國 26 年鉛印本），卷 12，王天慶〈護城隄記〉，頁 123 下。清・李符清，《嘉慶束鹿縣志》（臺北：成文出版社，民國 57 年臺 1 版，據民國 18 年鉛印本），卷 2，〈滹沱河〉，頁 16 下。朱玲玲，〈明清時期滹沱河的變遷〉，《中國歷史地理論叢》，1989 年第 1 期，頁 106。

〔註 136〕伊承熙等修，張震科等纂，《寧晉縣志》，卷 9，〈藝文上〉，頁 49 上。

縣再向東北流向深州（今深州市）傳家池，此爲明初滹沱河流入束鹿縣的開始。永樂四年，滹沱河向南遷徙，流向武強縣（今河北武強縣）界，永樂十六年（1418）改流衡水入漳河。成化八年（1472），滹沱河潰決於紫城口而南流入寧晉泊，不入束鹿縣數十年。正德十三年（1518），紫城口淤塞，滹沱河分流爲二，一仍向寧晉泊北流向釜陽河；另一股東溢束鹿縣流向深州城南。〔註 137〕明穆宗隆慶二年，滹沱河水淹束鹿縣舊城，到了明熹宗天啓二年（1622）六月二十三日，滹沱河自晉州境內涅盤村決口進入束鹿縣，淹沒城池。〔註 138〕以上大致是明代滹沱河遷徙與決口的過程，由表 3-3 可得知滹沱河在明代北直隸影響至大：

表 3-3：明代滹沱河水患一覽表〔註 139〕

時　　間	水患災情	史料出處
洪武三十五年十一月 （永樂元年）	撫安北平郡縣戶部郎中李昶言：眞定府武強縣南滹沱河決淤民田五十餘頃，宜亟修治。	《明太宗實錄》永樂元年大統曆辛丑條。
永樂四年	滹沱河北徙，由束鹿縣劉村入深州東出武強縣。	《深州風土記》，記二，〈河渠〉，頁 20 上。
永樂十三年	滹沱河水溢入冀州城。	1. 王樹枬等纂修，《冀縣志》，卷 3，〈河流〉，頁 17 上。 2. 《深州風土記》，記二，〈河渠〉，頁 20 上。

〔註 137〕清・李符清，《嘉慶束鹿縣志》，卷 2，〈滹沱河〉，頁 17 上。
〔註 138〕清・李文耀，《乾隆束鹿縣志》，卷 2，〈地理〉，頁 4 上。
〔註 139〕明・楊士奇等，《明太宗實錄》，卷 14，永樂元年大統曆辛丑條，頁 7 上；卷 202，永樂十六年七月丙辰條，頁 1 上。明・楊士奇等，《明宣宗實錄》，卷 82，宣德六年八月壬寅條，頁 3 下。明・陳文等，《明英宗實錄》，卷 22，正統元年九月甲午條，頁 3 下；卷 59，正統四年九月壬子條，卷 3 上；卷 131，正統十年七月壬子條，頁 6 上；卷 143，正統十一年七月丁卯條，頁 1 上。明・劉吉等，《明憲宗實錄》，卷 97，成化七年十月癸巳條，頁 11 上。明・李束陽等，《明孝宗實錄》，卷 61，弘治五年三月癸酉條，頁 1 上下；卷 193，弘治十五年十一月戊寅，頁 2 下。明・張居正等，《明世宗實錄》，嘉靖元年七月乙巳條，頁 1 上；卷 131，嘉靖十年十月乙未條，頁 9 上；卷 137，嘉靖十一年四月庚辰條，頁 1 上下；卷 140，嘉靖十一年七月辛未條，頁 9 上下；明・不著撰人，《明神宗實錄》，卷 112，萬曆九年五月戊子條，頁 6 上。清・吳汝倫，《深州風土記》（臺北：臺灣學生書局，民國 57 年 6 月景印初版，據清光緒廿六年刊本景印本），記 2，〈河渠〉，頁 20 上～21 下。王樹枬等纂修，《冀縣志》，卷 3，〈河流〉，頁 17 上下。

永樂十六年七月	行在工部言：滹沱河決及滋、沙二河水溢壞堤岸。明成祖命有關司部修築之。	《明太宗實錄》永樂十六年七月丙辰條。
仁宗洪熙元年	滹沱河水淹沒深州、饒陽縣（今河北省境內）低田。	《深州風土記》，記二，〈河渠〉，頁 20 上。
宣德六年八月	巡按監察御史章聰言：真定府（轄境今定州、深州、南宮等）滹沱河淤塞氾濫且衝壞河岸及軍民廬舍，舊有護城河堤亦被沖決。明宣宗命令行在工部發附近軍民維修之。	1. 《明宣宗實錄》宣德六年八月壬寅條。 2. 《深州風土記》，記二，〈河渠〉，頁 20 下。
正統元年九月	直隸河間府獻縣呈奏滹沱河溢決大郭竈窩口隄，希望皇上能命河間府遣官及河間等衛與獻縣協力修築之。此一呈奏受到明英宗批准。	1. 《明英宗實錄》正統元年九月甲午條。 2. 《深州風土記》，記二，〈河渠〉，頁 20 下。
正統四年九月	直隸深州滹沱河決漳州民居田稼百餘里，明英宗命有關部門修築之。	1. 《明英宗實錄》正統四年九月壬子條。 2. 《深州風土記》，記二，〈河渠〉，頁 20 下。
正統十年七月	因滹沱河水屢次氾溢，因而築真定衛之護城隄以防範。	《明英宗實錄》正統十年七月壬子條。
正統十一年七月	工部上奏直隸晉州請疏滹沱河故道及修隄岸之為兩敗者，然而現今河水高漲未止而農務正忙，應該在秋收水退之時方動工修築。明英宗准奏。	《明英宗實錄》正統十一年七月丁卯條。
成化七年十月	巡撫北直隸右副都御史楊璿奏順天、保定、河間與真定四府等府內諸縣因地勢平坦，易瀦積，若踏勘地形之高下，隨地勢疏濬修築堤岸，則滹沱等河水患可平息。於是明憲宗命楊璿治河。	1. 《明憲宗實錄》成化七年十月癸巳條。 2. 《深州風土記》，記二，〈河渠〉，頁 20 下。
成化八年	滹沱河決晉州紫城口向南流入寧晉泊。	《深州風土記》，記二，〈河渠〉，頁 20 下。
成化十八年	滹沱挾漳水向南注，成為冀州患。	王樹枬等纂修，《冀縣志》，卷 3，〈河流〉，頁 17 下。

弘治五年三月	巡撫保定等府都御史張琳奏滹沱河去眞定府城僅數百步的距離，可修護城堤保護之。	1. 《明孝宗實錄》弘治五年三月癸酉條。 2. 《深州風土記》，記二，〈河渠〉，頁 20 下。
弘治十五年十一月	巡撫直隸都御史王沂請修築眞定府護城二堤以防範滹沱河水患。明孝宗准奏。	《明孝宗實錄》弘治十五年十一月戊寅。
正德十三年	滹沱河分爲二流，北流由深州（轄境約今深州、安平、饒陽、武強等縣市地）南方雅見河流至武強縣。南流仍由寧晉縣（今河北寧晉縣）流至深州南方，與北流合，流入漳水。	《深州風土記》，記二，〈河渠〉，頁 20 下。
正德季年	滹沱河遷徙束鹿縣城北入深州至武強縣北方，毀壞獻縣堤防。	《深州風土記》，記二，〈河渠〉，頁 20 下。
嘉靖元年七月	束鹿城西滹沱河決口，修築護城堤，修築晉州紫城口堤成功。	1. 《明世宗實錄》嘉靖元年七月乙巳條。 2. 《深州風土記》，記二，〈河渠〉，頁 20 下。
嘉靖十年十月	工部郎中陸時雍言：滹沱河其下流支河皆已淤壅塞，雨水暴至時，輒傷民田稼，應該適時修濬，疏其支流使達於海，則河水方不爲亂。	《明世宗實錄》嘉靖十年十月乙未條。
嘉靖十一年四月	連年順天、河間與眞定等府，各處滹沱河溢爲患，御史徐汝圭劾奏御史林有孚坐視民瘼，不行修治。後林有孚改遷總督南京糧儲。	《明世宗實錄》嘉靖十一年四月庚辰條。
嘉靖十一年七月	太僕寺卿何棟勘奏要濬滹沱河等，工程浩大，民困未紓，須在財力有餘時，方可興工。	《明世宗實錄》嘉靖十一年七月辛未條。
嘉靖十七年	滹沱水溢冀州、滹沱河溢大水。	1. 干樹枬等纂修，《冀縣志》，卷 3，〈河流〉，頁 17 下。 2. 《深州風土記》，記二，〈河渠〉，頁 20 下。
嘉靖二十一年	滹沱河濬武強縣西北堤防。	《深州風土記》，記二，〈河渠〉，頁 21 上。

嘉靖二十六年	深州知州余一鵬修築深州城南堤以防滹沱河水患。	《深州風土記》,記二,〈河渠〉,頁21上。
嘉靖三十一年	滹沱河水侵深州城,知州張斌再修築堤防防範。	《深州風土記》,記二,〈河渠〉,頁21上。
嘉靖三十二年	漳水、滹沱河與滋水淹武強、饒陽縣井水。	《深州風土記》,記二,〈河渠〉,頁21上。
萬曆九年五月	吏科給事中顧問言:目擊滹沱河每每遇夏秋水漲,漂流廬舍、湑沒民田,不可勝紀。	《明神宗實錄》萬曆九年五月戊子條。
萬曆十三年	滹沱河遷徙饒陽縣南方,徐貞明建議於深州開河疏導滹沱河。	《深州風土記》,記二,〈河渠〉,頁21上。
萬曆十四年	王之棟奏議罷徐貞明於深州開河疏導滹沱河建議。	《深州風土記》,記二,〈河渠〉,頁21上。
萬曆三十五年	滹沱河水漂冀州城西南二關。	1. 王樹枏等纂修,《冀縣志》,卷3,〈河流〉,頁17下。 2. 《深州風土記》,記二,〈河渠〉,頁21上。
萬曆四十一年	滹沱河水淹冀州。	1. 王樹枏等纂修,《冀縣志》,卷3,〈河流〉,頁17下。 2. 《深州風土記》,記二,〈河渠〉,頁21下。
天啓元年（1621）	滹沱河水溢武強縣。	《深州風土記》,記二,〈河渠〉,頁21下。
天啓二年	滹沱河水溢饒陽縣。	《深州風土記》,記二,〈河渠〉,頁21下。
天啓七年	冀州滹沱河大水。	1. 王樹枏等纂修,《冀縣志》,卷3,〈河流〉,頁17下。 2. 《深州風土記》,記二,〈河渠〉,頁21下。

從上表知,縱觀明代幾乎每位皇帝在位期間,不是官員們上奏修築堤防以防滹沱水患亦或建議疏濬滹沱河,就是各州縣因滹沱河水漲,淹沒民舍農稼亦或遷徙不已,如萬曆時期（1573～1620）,貞明所言:滹沱河旁決,瞬息萬變,〔註140〕非一朝一夕可治理,甚至有資料顯示:

> 滹沱一河,入滋（滋水）則滋病,入滏（滏陽河）則滏病,俱不入
> 則滋滏間居人皆病,濬之則淤,堤之則決。〔註141〕

〔註140〕明・徐貞明,《潞水客談》,頁7。
〔註141〕清・吳汝倫,《深州風土記》,記2,〈河渠〉,頁18上。

足見滹沱河之難治。貞明提出滹沱河段，尤以下游地區，眞定府境內時常衝決，不能安久而無患，乃因其治河未治河源之故：

> 治水之法，高則開渠，卑則築圍，急則激取，緩則疏引，其最下者，遂以爲受水之區，各因其勢，不可強也。然其致力，當先於水之源，源分則流微而易御。〔註142〕

徐貞明強調治河除當於源頭分流以殺水勢外，尚需「各因其勢」，因勢而利導之的觀點。但筆者在此有一點要強調的是，明代治河者經常忽略的，也是至爲重要者，就是河川上游水土保護，然水土保護非立竿見影之效，非幾十年之功方可見效，但明代州縣官員調換頻繁，以致治河政策無法持續的重要原因，雖說這是以後來者的觀點觀之，但仍不失爲現代整治河川者的藉鏡。

圖 3-3：明代北直隸盧溝河、滹沱河、灤河示意圖

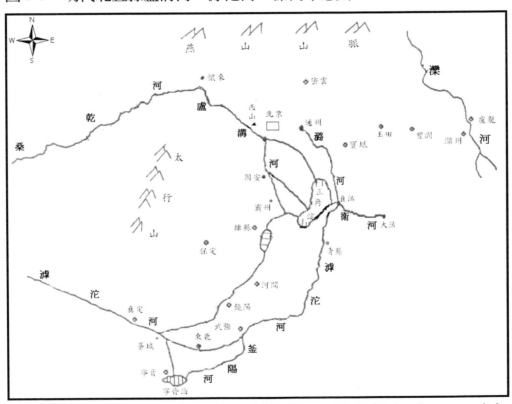

資料來源：以譚其驤主編，《中國歷史地圖集》第七冊（元明時期），頁 44～45 爲底圖繪製。

〔註142〕明・徐貞明，《潞水客談》，頁 7。

第三節　興修原因

一、江南重賦

　　近年來對於研究明代江南重賦頗多，主要有三種說法：〔註143〕一因蘇、松、杭等俗尚奢靡，明代余永麟在《北牕瑣語》言：

> 蘇、松秋糧數倍各省莫知其由。一日王北川仁山云：「予昔在科時，曾過湖（湖府）查冊，偶見蘇、松舊冊一本，前開重賦之由，蓋太祖（明太祖）見蘇、松俗尚侈靡，故重稅以困之，亦一時之權宜也。後以東南財富蘇、松為最，遂以此為常法。」〔註144〕

明武宗正德年間（1505～1521），戶部尚書王鏊（1450～1524）於《姑蘇志》言：

> 姚善字克一，……洪武三十年，擢知蘇州府，初上（明太祖）以吳民熏染奢僭靡習，豪室田宅輿服往往踰檢，明法以整齊之，……周悉人情，張弛寬密，各協事宜，又數造請郡中賢哲，考求治道，商略民生休戚，俗尚淳漓以施。〔註145〕

由以上史料，得知江南蘇、松地區因生活過度奢侈，崇尚節約的明太祖為抑制百姓華奢生活，以賦稅困乏之，不但可抑制百姓奢侈浪費，又可將這些不必要的浪費用於增加國家的賦稅收入。不過，若說「重稅以困之，亦一時之權宜」觀之，在明太祖之後，蘇、松地區重賦問題仍舊存在；又因「東南財富蘇、松為最，遂以此為常法」，那麼明太祖就不會在洪武七年（1374）感嘆地說：「蘇、松、嘉、湖四府租稅太重。」〔註146〕因此，若說蘇、松、杭等俗尚奢靡，明太祖為抑制而加賦的說法，有待商榷。

　　第二種說法是：江南重賦始於南宋官田說，清人朱彝尊（1629～1709）所撰〈國子監生錢君行狀〉言江浙賦稅本來就重：

> 吳俗相傳，明太祖惡張士誠拒守，故重斂其民畝稅，有輸官七斗餘

〔註143〕詳參：楊亞非，〈明代蘇松嘉湖地區重賦之由〉，《江海學刊》，1983年第5期，頁66。范金民，〈江南重賦原因的探討〉，《中國農史》，1995年第14卷第3期，頁46～48。

〔註144〕明・余永麟，《北牕瑣語》（《叢書集成初編》，北京：中華書局，1985年北京新1版，據《硯雲甲乙編》本影印），頁49～50。

〔註145〕明・王鏊，《姑蘇志》（《文淵閣四庫全書》史部251，臺北：臺灣商務印書館，民國73年7月初版），卷40，〈宦蹟四〉，頁27下～28上。

〔註146〕明・李景隆等，《明太祖實錄》，卷89，洪武七年五月癸巳條，頁3上下。

者。君爲論辨其非，是謂禍始于賈似道，經界推排之役，當日原有官田、民田，官田輸租，民田輸稅。其後知府事趙瀛取而均攤之，嘉興（嘉興縣，今浙江省境內）官田不及二千頃而民田五千八百餘頃，故其賦最輕。嘉善（嘉善縣，今浙江省嘉善縣）民田止三千一百餘頃而官田二千七百餘頃，故其賦于三縣（嘉興、嘉善與秀水三縣，秀水縣今浙江省境內）中差重，輕重由官、民田數不均。〔註147〕

此一史料顯示，明代江南賦稅重始於南宋，是爲了均攤官田與民田之間的賦稅，而在同樣的稅賦裡，民田畝數較多的話，平均分攤下，相對負擔就較少，也就是說官田多的話，民田負擔就重。近人樊樹志〈明代江南官田與重賦之面面觀〉一文提到，明代江南官田的特殊性質在於雖然名爲官田，實質上是爲民田，江南官田與民田的差別僅僅在於稅糧科則的高低不同，官田與民田一樣，可以在民間買賣、租佃，雖然官田賦重，但畢竟比私租低，所以官田出租後仍可獲得利益。〔註148〕明代王鏊就曾對描寫，此項弊病牽連甚大：

今天下財賦多出吳中，……吳中有官田有民田，……一丘之內，咫尺之間，或爲官（田），或爲民（田），輕重懸絕。細民轉賣，官田價輕，民田價重，貧者利價之重，偽以官（田）爲民（田）。富者利糧之輕，甘受其偽而不疑。久之，民田多歸於豪右，官田多留於貧窮。貧者不能供，則散之四方以逃其稅，稅無所出則攤之里甲，故貧窮多流，里甲坐困。〔註149〕

《續文獻通考》也記載：

按《明史·食貨志》所列官田之目如此，其云沒官田，斷入官田者，蓋多指蘇、松、嘉、湖言之，名爲官田，實民田耳。東南財賦重地，沃壤厚斂，皆出於此，未可與皇莊、牧地諸在官之田並論也。〔註150〕

由上引兩則史料得知，明代江南官田田賦之重，事實上是由平民負擔之。再

〔註147〕清·朱彝尊，《曝書亭集》（《四部叢刊初編縮本》，臺北：臺灣商務印書館，民國64年6月臺三版，據上海商務印書館縮原刊本），卷80，〈國子監生錢君行狀〉，頁591。

〔註148〕樊樹志，〈明代江南官田與重賦之面面觀〉（收入中國社會科學院歷史研究所明史研究室編，《明史研究論叢》第四輯，江蘇：江蘇古籍出版社，1991年5月第1版第1刷），頁100～101、105。

〔註149〕明·王鏊，《震澤集》（《文淵閣四庫全書》集部195，臺北：臺灣商務印書館，民國74年12月初版），卷36，〈書〉，頁10下～11上。

〔註150〕清·清高宗敕撰，《續文獻通考》，卷6，〈田賦六〉，頁考2833。

看《續文獻通考》另一則史料，了解南宋丞相賈似道（1213～1275）置買公田用意：

> 丞相賈似道以國計困於造楮，富民困於和糴，思有以變法……以官品計項以品格計數下，兩浙江東西和糴去處，先行歸併詭析後，將官戶田產逾限之數抽三分之一回買以充公田，但得一千萬畝之田，則歲有六、七萬石之入，其於軍餉沛然有餘，可免和糴、可以餉軍、可以住造楮幣、可平物價、可安富室，一事行而五利興矣。……詔買公田，命會子課日增印五十萬貫充買置官田。……然所遣劉良貴等又恣為操切，廖邦傑之在常州害民尤甚，至有本無田而以歸併，抑買自經者，分置莊官催租，……未見其利而適見其害。〔註151〕

可知賈似道原意是要解決國計窘困，卻為執行者操之過切與危害民間所誤，以致於良法美意盡失，而宋代與明代之間，隔著元代，且元世祖建立元朝以來，輕刑薄賦，少動兵戈，讓生者有所養，死者有所歸葬，宛如盛世一般。〔註152〕明代官田如嘉興知府趙瀛說：

> 賣田者以官（田）作民（田），造冊者收輕推重，富民多麥地民田，益肆兼併；貧民皆為重額官田，日就逃亡。〔註153〕

可見明代的官田賦重並非賈似道「置買公田」，明代名曰「官田」實際上仍舊是「民田」性質，因此江南重賦始於南宋官田說似乎並不成立。

第三種說法是：怒民附寇說。雖然元世祖以夷狄入主中國，法度不修，民族性斬殺成性，多以射獵維生，無圖謀遠略目光，以為宋亡之後，便無其他憂患，但猜忌中國人，防範甚為嚴密，各省郡地方官員多用西域人士，並與之相勾結，但當時賦稅甚輕，徭役極省，只因奢侈太過，以致釀成元末各地起義之事。〔註154〕從宋、元和明代的江南賦稅比較，宋、元兩代的江南賦稅相對較輕：

> 宋時賦徵八分，版曹住催其賦。平江粟二□萬。元人減之僅百萬。

> 凡開國刑賦恆輕，衰末刑賦恆重，歷代肇興，並從簡約，當元之初，

〔註151〕清・清高宗敕撰，《續文獻通考》，卷6，〈田賦六〉，頁考2829。

〔註152〕明・葉子奇，《草木子》（北京：中華書局，1997年11月第1版第3刷），卷3上，頁47。

〔註153〕明・李培等修，黃洪憲等纂，《秀水縣志》（臺北：成文出版社，民國59年八月臺1版，據民國14年鉛字重刻刊本），卷3，〈食貨〉，頁4下。

〔註154〕清・談遷，《國榷》，卷1，元順帝至正二十三年二月壬申條，頁300。

閩、廣稍警，旋即安枕，吳、浙宴然。以苦宋公田之累，如釋重負，
有祝而無詛，則輕徭薄賦。實有以招徠而深結之也。〔註155〕

明初，兵科給事中葉盛（1420～1474）對於宋、元與明朝蘇州、松州租額起
稅也作了比較：

宋王方贄均兩浙田畝一斗。元耶律楚材定天下田稅，上田畝三升，
中田二升五合，下二升，水田五升。我朝（明朝）天下田租畝三升、
五升、三合、五合，蘇松後因籍沒，依私租額起稅，有四五斗、七
八斗至一石者。蘇在元，糧三十六萬，張（張士誠）氏百萬，今二
百七十餘萬矣。〔註156〕

而明代江南重賦在洪武年間已出現，談遷（1594～1658）《國榷》中，對其稅
糧徵收的數額就有較詳細的記載：

陸深曰：「國初總計天下稅糧，共二千九百四十三萬餘石。浙江二百
七十五萬二千餘石；蘇州二百八十萬九千餘石；松江一百二十九萬
九千餘石。浙當天下九分之一，蘇贏於浙，以一府視一省，天下之
最重也。松半於蘇，蘇一州七縣，松才兩縣，較蘇之田四分處一，
則天下之尤重者，惟吾松也。」〔註157〕

談遷認為江南賦稅重是因明太祖怒蘇、松地區百姓幫張士誠殉守，所以以重
賦懲處。〔註158〕中國歷史上，漢代初年三十而稅一，由晉迄唐迄至天寶以後，
兵燹四起，中國經濟重心逐漸過渡到南方，東南之稅賦開始增加。五代十國
之季，田畝稅收增減不一，至宋代時，徵收於蘇州者，夏稅科錢，秋糧科米，
其稅額共計沒超過三十餘萬。課徵於松江者，科則亦同於蘇州，共計歲輸不
過二十餘萬，至元初年，依循宋代之舊。到了延祐年間（1314～1320），增定
賦額，蘇州增加至八十餘萬，松江徵至七十餘萬。元末張士誠據有蘇、松一
帶十年，蘇州賦稅增加至一百萬，松江亦有增加，明太祖久攻不下，湖州大
戰費時四個月，攻蘇州長達九閱月方歸順，因此明太祖憤而抄沒張士誠集團

〔註155〕清・談遷，《北游錄》（北京：中華書局，1997年第1版第3刷），〈紀文・上
　　　　大司農陳素菴書〉，頁265～266。
〔註156〕明・葉盛，《水東日記》（北京：中華書局，1997年11月第1版第3刷），卷
　　　　4，〈蘇松依私租額起稅〉，頁37～38。
〔註157〕清・談遷，《國榷》（北京：中華書局，1988年第1版第2刷），卷7，洪武十
　　　　三年三月壬辰條，頁586。
〔註158〕清・談遷，《國榷》，卷7，洪武十三年三月壬辰條，頁585。

田爲官田，以租作爲賦稅，每畝有七、八斗以至一石以上。〔註159〕雖說明代初年所籍沒田租中，有因張士誠集團而沒入、有因虐民而籍沒者等。〔註160〕然本文仍採信明代江南賦稅重起因於「怒民附寇」，因除卻蘇、松地區外，江西與陝西寧州在明代仍舊存在重賦問題，極有可能是江西曾爲陳友諒勢力所據，與陝西寧州殘元勢力李思齊抵抗明軍之因。〔註161〕

　　洪武時期（1368～1398），江南地區賦稅的加重隨著明成祖的遷都北京，因應南糧北送，運費增加，無疑這項負擔又落在江南百姓的肩上。〔註162〕由於明太祖建都金陵，一應所需，四方的貢獻，四川、江西、兩廣等地，俱順流而下，不用二、三個月的時間即抵達南京，所以百姓不受其害。〔註163〕但自永樂遷都北京後，軍國之需盡仰給於東南。〔註164〕洪熙元年（1425），光是蘇州府的稅糧，當輸往北京者，就高達了六十餘萬石。〔註165〕根據梁方仲統計，天順年間（1457～1464）蘇、松、常、鎮、杭、嘉、湖七府的稅糧如下：

表 3-4：天順年間（1457～1464）蘇、松、常、鎮、杭、嘉、湖
　　　　七府稅糧表〔註166〕

直隸府州別	糧（石）
蘇州府	2502,900

〔註159〕清·宋如林等修，孫星衍等纂，《松江府志》（臺北：成文出版社，民國 59 年 5 月臺 1 版，據清嘉慶二十二年刊本），卷 21，〈田賦志〉，頁 10 上。清·宗源瀚等修，周學濬等纂，《湖州府志》（臺北：成文出版社，民國 59 年 11 月臺 1 版，據清同治十三年刊本），卷 34，〈經政略〉，頁 34 下。

〔註160〕明·范濂，《雲間據目抄》（《筆記小說大觀二十二編》五，臺北：新興書局，民國 76 年 10 月版），卷 4，頁 1 上。

〔註161〕鄭克晟，〈明代重賦出于政治原因說〉，《南開學報》，2001 年第 6 期，頁 64 ～72。

〔註162〕唐文基，〈明代江南重賦問題和國有官田的私有化〉，（收入中國社會科學院歷史研究所明史研究室編，《明史研究論叢》第四輯，江蘇：江蘇古籍出版社，1991 年 5 月第 1 版第 1 刷），頁 80。

〔註163〕明·陳子龍編，《明經世文編》，卷 63，馬文升〈革大弊以蘇軍民疏〉，頁 9 上。

〔註164〕明·張瀚，《松窗夢語》（北京：中華書局，1997 年 11 月第 1 版第 2 刷），卷 8，〈漕運紀〉，頁 158。

〔註165〕明·楊士奇等，《明宣宗實錄》，卷 7，洪熙元年八月丙子條，頁 10 上。

〔註166〕梁方仲編著，《中國歷代戶口、田地、田賦統計》（上海：上海人民出版社，1985 年 2 月第 1 版第 3 刷），頁 354。

松江府	959,000
常州府	764,000
鎮江府	315,000
杭州府	234,200
嘉興府	618,000
湖州府	470,000
合計	5,863,100

　　從上表統計表可看出，蘇州府稅糧最多，尚比湖州府多四倍以上，而松江府次之，這七府總計稅糧五百八十六餘萬石之多，若與成化年間（1465～1487），王恕所統計的蘇、松、常、鎮、嘉、湖、杭七府每年所輸正、耗稅糧高達八百餘萬石，〔註167〕比較下，可知每年耗糧至少須二百餘萬石。顧炎武說：「永樂以來，漕運愈遠加耗滋多，乃至三百萬石。」〔註168〕耗糧幾占正糧比例二分之一強，無怪乎，東南百姓多因漕運轉輸的困擾而多遭負死亡者。〔註169〕明代前期，尚可依賴漕糧供給北方京師和北方駐軍，但萬曆以後，屯田多荒廢，且治黃保漕工程不斷受挫，在此情境下，一些有識之士遂提出在京畿地區發展農田水利以舒緩北方糧食供應問題，〔註170〕而這也正是貞明興修西北水利最主要的原因：

> 神京北峙，而財賦全仰於東南之漕，謀國者鑒勝國之遺事，懷杞人之隱憂。夫中人之治家，必有附居常稔之田，始可安土而無饑。乃國家據全勝之勢，居上游以控六合，而顧近廢可耕之田，遠資難繼之餉，豈長久萬全計哉？今者早運而久積之，儲蓄信有賴矣。然運早而收之不及其熟，有浥損之患；久積而發之，恆過其期，有紅腐之憂。……東南轉輸，每以數石而致一石，民力竭矣！而國之大計，亦未能暫紓也。惟西北有一石之入，則東南省數石之輸。〔註171〕

況且北方九邊防禦軍士們的糧食問題也至關重要，兵以食為主，若無食等

〔註167〕明·陳子龍編，《明經世文編》，卷39，王恕〈議事奏狀〉，頁10上～11上。
〔註168〕清·顧炎武，《天下郡國利病書》，第6冊，〈蘇松〉，頁56上。
〔註169〕明·陸容，《菽園雜記》，卷5，頁59。
〔註170〕張芳，〈明清時期海河流域的農田水利〉，《中國歷史地理論叢》，1995年第4期，頁176。
〔註171〕明·徐貞明，《潞水客談》，頁1～2。

於無兵。〔註 172〕故兵法有云：「國之貧於師者遠輸，遠輸則百姓貧。近於
師者，貴賣則百姓竭。」〔註 173〕而對於蘇、松地區賦稅如此沉重，光是靠
田畝收成定不足以支付，因此江南地區棉花等經濟作物的種植與紡紗織布
等副業就特別發達，〔註 174〕民間棉布紡織比戶相屬，家中生養、送死、租
庸、服食、食器與交際等費用，多出於商賈交易所得，〔註 175〕畢竟吳中為
百貨聚集地區，其工商賈人之利又居農產收入之什七，因而雖賦重，仍不
見民貧。〔註 176〕

二、流民問題

對於明代流民的定義，《明史・食貨志》解釋為：人戶逃避徭役者稱之為
逃戶；因為發生飢荒或逃避兵役而流徙他處者，稱之為流民。〔註 177〕其內在
原因主要是耕者土地規模過小，經不住天災人禍摧殘，或是任何一個小小的
社會變動都有可能使這些百姓喪失這塊小小的土地，而成為流民一員。〔註 178〕
明代中期的土地兼併首先是從皇帝、王公、勛戚、宦官大量設置莊田開始，
土地開始向少數人手裡集中，失去土地的農民日益增加，賦稅和徭役也逐漸
加重，農民的生活開始變得困窘不堪，社會動亂開始醞釀，〔註 179〕權勢豪強
之家，透過請託里甲吏胥變亂圖籍的方式，以求逃免或減輕賦役的負擔，將
所缺的賦役之額轉移到農民身上。〔註 180〕明英宗正統二年（1437），山東、山
西、河北與陝西等地，就發生貧者因沒有農具、種子耕種的問題而流落街頭

〔註 172〕明・陳子龍編，《明經世文編》，卷 130，王守仁〈陳言邊務疏〉，頁 5 下。

〔註 173〕周・孫武撰、漢・曹操等注，《十一家注孫子校理》（北京：中華書局，1999
年 3 月第 1 版第 1 刷），卷上，〈作戰篇〉，頁 34。

〔註 174〕王良鑌，〈明代江南重賦問題小議〉，《浙江教育學院學報》，2007 年 5 月第 3
期，頁 111。

〔註 175〕明・韓浚等修，《嘉定縣志》（臺北：成文出版社，民國 72 年 3 月臺 1 版，據
明萬曆三十三年刊本），卷 6，〈田賦考中〉，頁 316 下。

〔註 176〕明・王士性，《廣志繹》（北京：中華書局，1997 年 11 月第 1 版第 2 刷），卷
2，〈兩都〉，頁 32。

〔註 177〕清・張廷玉等，《明史》，卷 77，〈食貨一〉，頁 1878。

〔註 178〕王學泰，《游民文化與中國社會》（北京：學苑出版社，1999 年 9 月第 1 版第
1 刷），頁 72。

〔註 179〕曹樹基，《中國移民史・第五卷・明時期》（福建：福建人民出版社，1997 年
7 月第 1 版第 1 刷），頁 15。

〔註 180〕蔣孝瑀，〈明代的貴族莊田〉（臺北：嘉新水泥公司文化基金會，研究論文第
177 種，民國 58 年 6 月初版），頁 71。

成爲乞丐，父母妻兒啼飢哭喊者十之八九，相關官員既不能加以體恤反而徵賦勞役之，造成舉家逃竄者大有人在。〔註181〕貞明講到，百姓流離，離棄本業不復還乃因「蓋創痍未起，催科又亟」。〔註182〕若官員能幫以置牛具、種子，並設法招徠流民，並不課以重賦，則復業者可從早晨排隊至黃昏等待領取牛具、種子等復業。〔註183〕而明代北直隸大名、順德、廣平三府人民稍遇水旱災則飢荒，〔註184〕以致正德四年（1509），京畿南方盜賊蠢起。正德五年冬十月，霸州降盜劉六（？～1512）、劉七（？～1512）叛，窮民皆響應，一發不可收拾。正德六年，甚至危急南北漕運，以致南北不通，人情洶洶，京師一度戒嚴，流賊甚至猖狂至題詩「縱橫六合誰敢捕」之句。正德七年，爲時近二年，令五省（山東、河北、山西河南、江蘇）生靈塗炭、魚糜肉爛的劉六、劉七之亂，幸賴谷大用等人用兵方告平定。〔註185〕此次流民的叛亂乃因遭遇兇年飢荒，官員又處置不當，流民與其餓死倒不如起兵反抗，或許尚可活命，所謂：「安居則不勝凍餒，剽掠則猶得延生是也。」〔註186〕

　　徐貞明認爲劉六、劉七之亂參與者眾多乃因土曠而民游，而提出了興修西北水利解決此一問題的辦法：

> 蓋惟四民農必土著，可以縻其身家。惟土曠而民游惰，則輕去其鄉
> 而易於惟亂，誠使西北水利興，則人皆可安土，何至有流賊之患。……
> 如使蠲其負、寬其徵，時其賑貸，則流離漸復，荒蕪漸闢矣。〔註187〕

而且在田間種植榆、棗、桑與栗等，既可資助民用，又可以設伏抵禦敵騎入侵。〔註188〕宋太宗端拱二年（989），滄州（約今河北省境內）副節度使何承矩就曾上疏建言發展北方水利，一方面可資國用，一方面又可遏止北方鐵騎南下。〔註189〕可見西北水利開發，一方面可讓流民有所歸、有所耕；安於斯、

〔註181〕明・陳文等，《明英宗實錄》，卷34，正統二年九月癸巳條，頁二下。
〔註182〕明・徐貞明，《潞水客談》，頁9。
〔註183〕明・陳子龍編，《明經世文編》，卷340，趙錦〈計處極重流移地方以固根本事〉，頁13下。
〔註184〕明・劉吉等，《明憲宗實錄》，卷86，成化六年十二月壬戌條，頁5下。
〔註185〕清・谷應泰，《明史紀事本末》，卷45，〈平河北盜〉，頁665～681。
〔註186〕清・俞森，《荒政叢書》，（《文淵閣四庫全書》史部421，臺北：臺灣商務印書館，民國73年10月初版），卷4，〈次四曰五禁〉，頁15上。
〔註187〕明・徐貞明，《潞水客談》，頁2、9。
〔註188〕明・徐貞明，《潞水客談》，頁2。
〔註189〕明・楊士奇等奉敕編，《歷代名臣奏議》（《文淵閣四庫全書》史部200，臺北：臺灣商務印書館，民國73年3月初版），卷322，〈禦邊〉，頁27～28上。另

生於斯、長於斯，對於外患來自於北方的蒙古，以至於後來崛起於東北的滿族來講，發展西北水利，溝渠可抑制敵騎的馳騁，水田的開發又可資軍國之用，足見徐貞明等人對國家深謀遠慮。

三、改善土質

　　前面已提及，明代中期以後，由於海河水系上游森林嚴重遭受破壞，山區的水土涵養功能已大大減弱，再加上京東地區近海，下雨過後，排泄不暢，土壤易於鹽漬化。〔註190〕北直隸地區由於下雨集中夏季，蒸發量超過降雨量，地表徑流不足，河網密度不大，約 0.3～0.5 公里/平方公里，且北方水系中，除黃河等河川外，多非廣川大河，故其用水無法與華中、華南等地相比。〔註191〕宋代沈括（1031～1095）《夢溪筆談》就曾言華北地區一帶，除卻滹沱河、漳水沖積地帶為美田外，其餘多為斥鹵之地，更有聚集遊民刮鹹煮鹽事例。〔註192〕明代時，此地區水質土壤鹽鹵問題依舊存在，〔註193〕竟到達每經下雨日曬後，土壤如白鹽者無數，且井泉皆苦，地多鹹鹵，多飲則患痞，若飲河水則可無患，此為北方眾所皆知之事。〔註194〕但對於水源缺乏的北方來講，鑿井仍不失為一好方法：

　　　　京師當天下西北，平沙千里，曼衍無水，其俗多穿井，蓋地勢然也。
　　　　然大率地幾一里而得一井，人民數十百家，挈者、肩者，相軋於旁，
　　　　轆轤累累，旦暮不絕。其遠不能力致者，輒賃值載之，甚苦。某君

　　　　外，有關開發西北水利可遏鐵騎南下，將在下章論述。
〔註190〕石超藝，《明以來海河南系水環境變遷研究》，頁 149。
〔註191〕任美鍔主編，《中國自然地理綱要》（北京：商務印書館，1999 年 12 月第 3 版第 5 刷），頁 69～70。周春燕，〈明清華北平原城市的民生用水〉（收入王利華主編，《中國歷史上的環境與社會》，北京：生活・讀書・新知三聯書店，2007 年 12 月北京第 1 版第 1 刷），頁 5。邱仲麟，〈水窩子──北京的供水業者與民生用水（1368～1937）〉（收入李孝悌編，《中國的城市生活》，臺北：聯經出版社，2005 年 10 月初版），頁 232。
〔註192〕宋・沈括，《夢溪筆談》（《叢書集成初編》，北京：中華書局，1985 年北京新 1 版，據稗海本蓋津逮本校刻排印），卷 13，〈權智〉，頁 88。
〔註193〕明・趙南星，《趙忠毅公詩文集》（《四庫禁燬書叢刊》集部 68，北京：北京出版社，2000 年 1 月第 1 版第 1 刷，據明崇禎十一年范景文等刻本北京大學圖書館藏），卷 12，〈思黨亭記〉，頁 48 下。
〔註194〕明・謝肇淛，《五雜組》（《四庫禁燬書叢刊》子部 37，北京：北京出版社，2000 年 1 月第 1 版第 1 刷，據明刻本北京大學圖書館藏），卷 3，〈地部一〉，頁 29 上下。

　　至大興去井遠患之，相邑治之，某方得隙地可穿井，以萬曆十七年
　　某月、日命工人闢之，深二仗許，得水味甘美，視他井特異，於是
　　近邑居民汲者，紛紛稱便矣！〔註195〕

可知北方井水多苦，並非鑿井即可用，否則何必大老遠從這鄉到之他邑去汲
水。

　　貞明則認為應開發西北水利，從京東開始逐漸推向西北，一方面解決北
方糧食問題，一方面解決水害問題：

　　先之京東以兆其端，而畿內列郡皆可漸而行也；先之畿內列郡，而
　　西北之地皆可漸而行也。在邊陲，則先之薊鎮，而諸鎮皆可漸而行
　　也；至於瀕海，則先之豐潤，而遼海以東，青、徐以南，皆可漸而
　　行也。夫事有小用則宜大，則局而不通；大用則宜小，則窘而難布。
　　兹其試之一井究之，天下無不利者。事有旦夕計功而遠猷不存，積
　　久考成而近效難觀，兹其暫之歲收，久之永賴無不利者，特端之於
　　京東數處，因而推之西北，一歲開其始，十年究其成而萬世席其利
　　矣。乃西北之人方苦於水害，而不知水利。夫水在天壤間，本以利
　　人，非以害之也。〔註196〕

其實貞明在西北地區推展水田，尤其是京畿地區推廣江南精耕細作的集約型
農業生產方式。一方面水稻有耐鹽鹼性及其對鹽漬土壤有洗鹽、抗鹽的改良
作用，且招徠南方農民，可對西北曠野的耕作方式，由粗放轉向精耕。〔註197〕
後來汪應蛟〈海濱屯田疏〉也提出水利開發則可改善鹹鹵之地：

　　海濱屯田，試有成效，酌議留軍併墾，召民兼種，以資兵餉，以永
　　固重地。臣竊見天津葛沽一帶，咸謂此地從來斥鹵不耕種，間有近
　　河滋潤，種藝豆者，每畝收不過二斗。臣竊以為此地無水則鹻，得
　　水則潤，若以閩浙瀕海治地之法行之，穿渠灌水未必不可為稻田。

　　〔註198〕

〔註195〕明・鄭明選，《鄭侯升集》（《四庫禁燬書叢刊》集部75，北京：北京出版社，
　　　　2000年1月第1版第1刷，據明萬曆二十一年鄭文震刻本），卷21，〈碑・湧
　　　　今泉碑記〉，頁5上下。
〔註196〕明・徐貞明，《潞水客談》，頁5。
〔註197〕鄭學檬，《中國古代經濟重心南移和唐宋江南經濟研究》，頁52。張順周，《明
　　　　代華北平原地區農業試探》（鄭州：鄭州大學碩士論文，2003年5月），頁20。
〔註198〕明・徐光啟著；石聲漢校注，《農政全書校注》（臺北：明文書局，民國70年
　　　　9月初版），卷8，〈農事〉，頁189。

可見中國北方可否爲水田，端看是否得水爲之關鍵。

四、改善班軍

明代中晚期以後，班軍制度〔註199〕逐漸敗壞，「每歲班行的誅求於軍政有碍」〔註200〕，明代王世貞於《弇山堂別集》提及：

> 今西北騎少漸不支，而東南拒倭征苗，全藉調狼土募民兵而已，不能得一卒之用也。此無他，北兵之所以削者，日耗於攻戰而疲敝於調發，中土及東南之所以削者，上班也，運糧也，屯政之不修也。
> 〔註201〕

每年的輪番調發的班軍制度，不但成爲了明代中晚期軍政之碍，且多爲老弱不堪用之兵，成爲明代財政上一大負擔：

> 班軍原爲衝鋒破敵而設，非徒爲供役使而虛糜糧餉者。……至於土著班軍內有驍勇堪用者，反置不用，徒附名隨操，止供役使軍餉均屬虛設。〔註202〕

明代中晚期班軍已是「止供役使軍餉均屬虛設」。貞明認爲驅兵爲農較募兵爲農更爲難行，而邊塞兵士因土著少，不得已而有募兵。由於兵士糧餉籌湊困難，因而有每年春、秋之季，軍戶須到指定的地區從事防禦的班軍活動，如此往返疲於奔命，勾軍制度又不能有效防止逃軍，百姓苦不堪言，行伍又虛，若能於近邊之地，發展農田水利，屯政大修，田墾而人聚，人聚而穀足，如此可以省遠募之費、可以舒班軍之苦、可以停勾補之煩又可舒緩運輸勞頓之苦。〔註203〕

明代中晚期以後，解決北方糧食的方法，大多依賴漕運，但漕運政策，

〔註199〕明代班軍是每年須定期、分班、輪流的方式調動衛所軍到指定地區從事以防禦爲主的活動。詳參：彭勇，《明代班軍制度研究──以京操班軍爲中心》（北京：中央民族大學出版社，2006年1月第1版第1刷），頁150。彭勇，〈班軍：從操練之師到職業工匠──明代北京防禦戰略轉變的一個側面〉，《北京社會科學》，2006年6期，2006年出版，頁70。

〔註200〕明·吳亮輯，《萬曆疏鈔》，卷48，徐貞明〈亟修水利以預儲蓄酌議軍班以停勾補疏〉，頁4下。

〔註201〕明·王世貞，《弇山堂別集》，卷89，〈兵制考〉，頁1706～1707。

〔註202〕明·董其昌，《神廟留中奏疏彙要》（《續修四庫全書》470，上海：上海古籍出版社，2002年3月第1版第1刷，據北京大學圖書館館藏清抄本影印），卷9，〈兵部〉，頁12下～13上。

〔註203〕明·徐貞明，《潞水客談》，頁3。

造成東南百姓苦不堪言與西北田地逐漸荒蕪等問題，因此貞明提出發展西北
水利的方法，一方面可以開河渠發展農田水利以解決糧食問題外，一方面在
河源引水灌溉可減緩河川中下游河川水勢，又可舒緩東南民力。發展西北水
利可謂解決北方糧食問題釜底抽薪的辦法。

第四章　水利開發與議題迴響

　　貞明治水方法可追溯到漢代賈讓治河三策的中策，以「多穿漕渠、使民得田、分殺水怒」，此一方法爲明代總理河道官周用（1476～1548）等人所繼承。當時南方官員亦多贊成開發西北水利以舒緩東南人民壓力，首倡其議者爲大學士丘濬。但北方貴勢之家因懼怕北方農田水利開發完成後，會仿南方課以重稅，以王之棟爲首的反對派與以申時行（1535～1614）爲首，倡導開發西北水利的官員，展開南北政爭，最終明神宗以「擾民」爲由，罷除貞明墾田使憲職。

　　任何理論的提出，需要時間與時間的驗證，《潞水客談》是明代倡言開發西北水利的先導者，而徐貞明正是理論與實踐者，在理論提出後，有許多人給予迴響，這也是開發西北水利者，可引爲借鑑。

第一節　開發始末

一、思想淵源

（一）開發西北水田

　　前漢哀帝初年，平當領治河隄使，上奏言黃河自魏郡（今河北臨漳縣西南鄴鎮）以東之地，北邊多溢決，以致水迹難以分明，希望能廣求能浚川疏河者。但自丞相以下莫有能應者，﹝註1﹞這時待詔﹝註2﹞賈讓奏言治河上中下

﹝註 1﹞ 漢・班固，《漢書》（北京：中華書局，1964 年 11 月第 1 版第 1 刷），卷 29，〈溝洫志第九〉，頁 1691～1692。明・樊深撰，《嘉靖河間府志》（《天一閣藏

三策：

> 古者立國居民，疆理土地，必遺川澤之分，度水勢所不及。大川無防，小水得入，陂障卑下，以爲汙澤，使秋水多，得有所休息，左右游波，寬緩而不迫。……故曰：「善爲川者，決之使道；善爲民者，宣之使言。」（今）從黎陽（今河南浚縣東）北盡魏界，……百餘里間，河再西三東，迫阨如此，不得安息。今行上策，徙冀州（轄境相當今河北中、南部，山東西端及河南北端）之民當水衝者，決黎陽遮害亭，放河使北入海。河西薄大山，東薄金隄，勢不能遠泛濫，期月自定。……如出數年治河之費，以業所徙之民，遵古聖之法，定山川之位，使神人各處其所，而不相奸。且以大漢方制萬里，豈其與水爭咫尺之地哉？此功一立，河定民安，千載無患，故謂之上策。若乃多穿漕渠於冀州地，使民得以田，分殺水怒，雖非聖人法，然亦救敗術也。……通渠有三利，不通有三害。民常罷於救水，半失作業；水行地上，湊潤上徹，民則病溼氣，木皆立枯，鹵不生穀；決溢有敗，爲魚鱉食：此三害也。若有渠漑，則鹽鹵下隰，塡淤加肥；故種禾麥，更爲稻，高田五倍，下田十倍； 轉漕舟船之便：此三利也。今瀕河隄吏卒郡數千人，伐買薪石之費歲數千萬，足以通渠成水門；又民利其漑灌，相率治渠，雖勞不罷。民田適治，河隄亦成，此誠富國安民，興利除害，支數百歲，故謂之中策。若乃繕完故隄，增卑倍薄，勞費無已，數逢其害，此最下策也。〔註3〕

賈讓的治河三策，主要是想達到「河定民安，千載無患」之境，但上策就略顯迂腐，在賈讓所處的前漢國力衰弱的哀帝時期（7B.C～1B.C），如何再做此徙民之舉，更何況「數年治河之費，以業所徙之民」也只是寅吃卯糧，國家也不可能將數年稅賦一次徵足。同樣在明代，根本無法實行，只能說是不能付諸實現的理想，況明代人口與漢代相比，光是爲讓黃河改道而遷徙百姓就殊非易事，何論積「數年治河之費」治河，等同將未來國家建設等經費先行運用，置子孫於何處乎？當時也尚未有國家舉債觀念出現，根本不可行。

明代方志選刊》（一），臺北：新文豐出版社，民國74年，據寧波天一閣藏明嘉靖刻本景印），卷6，〈河道志〉，頁4下～5上。

〔註2〕待詔者，已經決定任用而尚未派定官職，正在等待詔令的人。詳參：清‧黃宗羲著；李廣柏注譯，李振興校閱，《新譯明夷待訪錄》，頁35。

〔註3〕漢‧班固，《漢書》，頁1692～1696。

賈讓中策〔註4〕「多穿漕渠、使民得田、分殺水怒」的方法爲明代嘉靖二十二年四月，受命爲總理河道官周用（1476～1548）所繼承，周用上疏明世宗：

> 治河墾田，事實相因，水不可治則田不治，水治則水當益治，事相表裡，若欲爲之，莫如古人所謂溝洫者爾。……惟古今稱聖人之治水者，必曰大禹，禹治水之功，莫大於河，自告厥成功之至周定王五年（602B.C）河徙砥礫，中間自龍門至於碣石入海，不爲中國害者。……至孔子稱禹，又曰：盡力乎溝洫。……孔子之稱之者，惟曰：濬畎澮；曰：盡力乎溝洫。然則歷千七百年（禹～周定王五年），而河不爲中國害者，實大禹盡力溝洫之賜。……今年治河費若千萬，明年治河費若千萬，大暑塞之而已矣，溝洫之政無聞焉。……夫以數千里之河，挾五、六月之霖潦，建瓴而下，乃僅以河南開封之府蘭陽縣以南之渦河，與直隸徐州沛縣百數里之間，拘而委之於淮，其不至於橫流潰決者，實徼萬一之幸也。夫今之黃河古之黃河也，其自今陝西西寧至山西河津，所謂積石龍門合涇、渭、漆、沮、汾、沁及伊、洛、瀍、澗，諸名川之水，與納每歲五、六月之霖潦，古與今亦無小異也，何獨大禹能使之安於東北之故道，歷千百年而不變，而後世曾不能保之於數年之久？……由於阡陌之壞，溝洫之不修者。……若集人力以助夫役，若蠲荒糧以復流移，若專委任以責成功，若持定論以察群議，……以爲治河裕民之計。〔註5〕

周用溝洫法殺水勢與發展農田水利方法，爲明神宗時期（1573～1620）貞明所繼承。貞明認爲西北水利，旱則赤地千里，潦則洪流萬頃，惟寄命於天。水利本以利人而非有害於人，水是聚之則害；散之則利，如同血液在人體流貫，潤澤其肌膚，一旦壅塞，則爲癰疽或溢出口鼻，戕害身體。而北方水利

〔註4〕 賈讓下策爲「繕完故隄」，在此不再敍論，而此一方法主要爲明代潘季馴所繼承，實踐「束水攻沙論」，並對中國歷史上的治河理論做了一次全面性的總結匯成《河防一覽》等書。漢·班固，《漢書》，頁1696。張偉兵、徐歡，〈試評賈讓三策在治黃史上的歷史地位〉，《人民黃河》，2003年3月第22卷第3期，頁44。有關潘季馴治河請詳參：蔡泰彬，《晚明黃河水患與潘季馴之治河》（臺北：樂學書局，民國87年1月初版）。賈征，《潘季馴評傳》（南京：南京大學出版社，1996年2月第1版）。

〔註5〕 明·陳子龍編，《明經世文編》，卷146，周用〈理河事宜疏〉，頁6上～8上、頁10上下。

自從周定王以後，溝洫法漸廢，以致於黃河自關中進入中原，匯集涇、渭、漆、沮、汾、泌、伊、洛、瀍、澗及單沁諸川，數千里之水，當夏秋雨量集中的季節，因無一溝一澮可以停注，於是曠野橫流，盡入諸川，諸川又匯入於河流，水勢盛大，其性愈悍急則水愈難治，應該於古人故渠廢堰中，去學習其方法，疏導為溝澮，引納支流，使夏秋霖潦時，不致於泛濫諸川，且沿河居民可以得資水成田，而河流水勢亦殺，河患可望消弭。〔註6〕以溝洫法興修西北水利的方法，清代劉獻廷也表贊同：

> 北方為二帝三王之舊都，二千餘年，未聞仰給東南，何則？溝洫通而水利修也。自五胡雲擾以迄金元，渝于夷狄者千有餘年，人皆草草偷生，不暇遠慮，相襲成風，不知水利為何事。故西北非無水也，有水而不能用也。不為民利，乃為民害。旱則赤地千里，潦則漂沒民居，無地可瀦而無道可行，人固無如水何，水亦無如人何矣。元虞奎章（虞集）奮然言之，郭太史（郭守敬）毅然修之，未幾亦廢。……予謂有聖人出，經理天下，必自西北水利始，水利興而後天下可平，外患可息，而教化可興矣！〔註7〕

近人錢穆認為，為使河川上流水勢不致驟溢，下流狂瀾不致暴起，採用貞明分殺水勢的方法治河，實際上北方全部的水利問題自然通體顧到。〔註8〕

另外，西北大部分地區屬於高原低濕地貌和平川地形，這種地勢相當有利於蒙古騎兵的奔襲，這對於以步兵為主的漢人軍隊來講十分不利，〔註9〕而農田水利的開發，除可歲收農作物外，也可防止游牧民族騎兵入侵。宋太宗端拱二年（989），滄州副節度使何承矩上言：北邊資其陂澤，築隄貯水為屯田，建阡陌，濬溝洫，可以實邊廩，遏敵騎之奔軼，只留城守軍士，不必煩發兵於曠野上戍守，就可收地利以實邊防險固，春夏課農，秋冬講習武訓，如此數年可達到休息民力以資助國家經濟也。〔註10〕貞明繼承此想法，講到

〔註6〕明·徐貞明，《潞水客談》，頁2、5。

〔註7〕清·劉獻廷，《廣陽雜記》（北京：中華書局，1997年12月第1版第3刷），卷4，頁197。

〔註8〕錢穆，〈水利與水害（上篇，論北方黃河）〉，《禹貢半月刊》，第4卷第1期，頁9。

〔註9〕張少庚，〈論明代官員開發西北的設想〉，《理論月刊》，2004年第4期，頁83。

〔註10〕元·脫脫等，《宋史》，卷273，〈列傳第三十二〉，頁9328；卷129，〈志第一百二十九〉，頁4263。明·陳邦瞻編，《宋史紀事本末》（北京：中華書局，1977年5月第1版第1刷），卷18，〈營田之議〉，頁119。

井田溝洫除了可以開墾闢土外，亦可以設險，對於明帝國北方游牧民族的入
侵有抵禦作用。今則西北平原千里，北元蒙騎得以長驅直入，假使溝洫盡舉，
豈有此患，而且田間種植榆、棗、桑與栗，一方面既資貧民用，亦可以設伏
而避敵。〔註11〕明代吏部尚書張瀚（1511～1593）亦言農田水利的開法能有
效抑制北方騎兵的長驅直入：

> 屯田寓兵，是亦兵農合一之意，……而經界秦、隴，是亦制馭夷敵
> 之機。……達虜利於騎射，沿邊之地盡爲疆域，令虜騎不得長驅，
> 而邊民因得以獲屯田之利。〔註12〕

（二）舒緩南糧北運

元泰定四年（1327），翰林直學士兼國子祭酒虞集（1272～1348），提倡
發展西北水利以舒緩南糧北運：〔註13〕

> 論京師恃東南運糧爲實，竭民力以航不測，非所以寬遠人而因地利
> 也。與　同列進曰：「京師之東，瀕海數千里，北極遼海，南濱青、
> 齊萑葦之場也，海潮日至，淤爲沃壤，用浙人之法，築堤捍水爲田，
> 聽富民欲得官者，合其眾分授以地，官定其畔以爲限，能以萬夫，
> 授以萬夫之田，爲萬夫之長，千夫、百夫亦如之，察其惰者而易之。
> 一年，勿征也；二年，勿征也；三年，視其成，以地之高下，定額
> 於朝廷，以次漸征之；五年，有積蓄，命以官，就所儲給以祿；十
> 年，佩之符印，得以傳子孫，如軍官之法。則東面民兵數萬，可以
> 近衛京師，外禦島夷；遠寬東南海運，以紓疲民。〔註14〕

虞集等人的想法受到徐貞明的推崇，於萬曆三年上疏〈亟修水利以預儲蓄酌議
軍班以停勾補疏〉，嘆惜虞集當時的建議未能早行於當時，若倣照虞集等人的方
法，京東瀕海應率先修舉，並招撫南方人築塘捍水，給窮民牛、穀種屯種，則
北起遼海南到青州等濱海之地，皆可成爲可耕之田，可以省卻南方漕運轉輸之
苦。等待稍有成果之後，再推及山東、河南、陝西等地，達到東南歲運漸減，
西北儲蓄充裕，這樣不但民力可獲舒緩，且國計民生可保無虞。〔註15〕若富民

〔註11〕明・徐貞明，《潞水客談》，頁2。
〔註12〕明・張瀚，《松窗夢語》，卷4，〈三農紀〉，頁72、74。
〔註13〕葛文玲、許殿才，〈西北水利建設的思想與方略～～徐貞明《潞水客談》在中
　　　　國水利史上的地位及影響〉，《江西社會科學》，2006年第8期，頁237。
〔註14〕明・宋濂等，《元史》，卷181，〈列傳第六十八〉，頁4177。
〔註15〕明・吳亮輯，《萬曆疏鈔》，卷48，徐貞明〈亟修水利以預儲蓄酌議軍班以停

欲得官者，亦可仿虞集之意：

> 聽富民欲得官者，能以萬井耕，則爲萬夫之長，千夫百夫亦如之。
> 先試之虛銜，緩其徵科，俟其田入既饒、積蓄既充，則命以官而董
> 徵其稅，就所徵者給以祿，佩之印綬，得世其官，而練集其耕夫，
> 以寓兵於其閒，眞良法也。〔註16〕

二、前人倡議

南宋以來，中國經濟重心已過渡至蘇湖一帶，所謂：「蘇湖熟，天下足」。
定都北京的元代，從元世祖開始即須依賴南方海運資助，方得維持北方經濟
與政治運作。元世祖中統三年（1262）八月，當時元代尚在與南宋爭戰中，
郭守敬（1213～1216）洞燭機先，蒙元世祖召見，即面陳水利六事，〔註17〕
其中有關開發西北水利者就有五則，尤爲切要者，如建議元世祖於磁州（約
今河北邯鄲、武安二市及磁縣地）滏（水）、漳（水）二水合流處，引水由滏
陽（治所在今河北磁州縣）邯鄲（今河北邯鄲市）洺州永年，下經雞澤，合
入漳河，其間可灌溉田三千餘頃。〔註18〕當時元代尚未建都於北京，郭守敬
已知發展西北水利對北方的蒙古民族來講至爲重要，足見郭守敬的深謀遠
慮，無怪乎元世祖贊賞：「任事者如此人不爲素餐矣！」〔註19〕元泰定四年
（1327），虞集踵繼郭守敬想法，開發西北水利。但朝議結果，認爲此法一興，
則執事者必以之爲賄賂，因而虞集這項建議遂遭擱置。〔註20〕二十六年後，
元順帝至正十三年（1353）三月，因海運常爲張士誠等割據勢力所把持，丞
相脫脫（1314～1355）鑒於此，建議於京畿近水之地，召募江南人耕種，每
年可收粟、麥百萬餘石，不煩海運京師糧食可足。此議受到元順帝贊同，脫
脫用左丞烏古孫良楨、右丞悟良哈台爲大司農卿，自領大司農事，於西至西
山，南至保定、河間，北抵檀順，東至遷民鎮，凡是屬於官地及原管各處屯
田者，皆引水利，立法佃種，給鈔五百萬錠以供工價、牛具、農器、穀物等，

　　　勾補疏〉，頁2下～4上。
〔註16〕明・徐貞明，《潞水客談》，頁9。
〔註17〕清・傅澤洪，《行水金鑑》，卷102，〈運河水〉，頁8上。
〔註18〕元・蘇天爵，《元名臣事略》（《文淵閣四庫全書》史部209，臺灣：臺灣商務
　　　印書館，民國73年7月初版），卷9，〈太史郭公〉，頁6上下。
〔註19〕清・徐乾學，《資治通鑑後編》（《文淵閣四庫全書》史部102，臺灣：臺灣商
　　　務印書館，民國73年3月初版），卷146，〈宋紀一百四十六〉，頁9上。
〔註20〕明・宋濂等，《元史》，卷181，〈列傳第六十八〉，頁4177。盧嘉錫總主編；
　　　周魁一著，《中國科學技術史・水利卷》，頁146。

並於江浙、淮東召募能種水田及修築圍堰之人各一千名為農師，教民播種，頗有成效。〔註21〕但當時元代已是千瘡百孔，各地反元勢力四起，丞相脫脫亦難挽國家社稷於風雨中飄搖的頹勢，十五年後，也就是元順帝至正二十八年（1368），元順帝逃往上都，史稱北元，元代終結。

　　明代首先提出發展西北水利，是明憲宗成化年間（1465～1487）禮部尚書丘濬。〔註22〕丘濬提出國家定都於燕地，但賦稅卻多來自於東南，漕運有如人體之咽喉，若漕運受阻，則國家立即有危亡之險。〔註23〕提出當今國家定都北京，其京東之地瀕臨大海，居民稠密，當於國家安全極盛之時，居安思危，將元代虞集發展京東水利之策，委任有心計之大臣，循行沿海一帶，專任其事，築隄捍海。因濱海地方多鹹鹵之地，須得河水蕩滌，疏導溝渠以導淡水，然後成為可耕之田。〔註24〕到弘治時期（1488～1505），更進一步提出「王政之一端」的建議，〔註25〕認為井田之制雖不可行，但溝洫之法卻不可廢。應用溝洫之法而不拘泥其陳跡，隨其地勢開鑿溝渠以水潦時宣洩，成就田禾無淪沒之苦，生民享收成之利。〔註26〕與貞明同時期的人士多認為開發西北水利不可行，究其原因主要有五點：

　　（一）難得有能力之人主導開發西北水利。
　　（二）怕發展西北水利耗費太多國家錢財。
　　（三）憚西北水利開發無功反而過度勞民。
　　（四）開發西北水利中任勞任怨者並不多。
　　（五）百姓已經習慣了當下生活不知變通。〔註27〕

〔註21〕明・宋濂等，《元史》，卷138，〈列傳第二十五〉，頁3346。清・鄂爾泰、張廷玉等奉敕撰；董誥、戴衢亨等奉敕補，《欽定授時通考》（《文淵閣四庫全書》子部38，臺灣：臺灣商務印書館，民國74年2月初版），卷15，〈土宜〉，頁26下。清・嵇璜、曹仁虎等奉敕撰，《欽定續通典》（《文淵閣四庫全書》史部397，臺灣：臺灣商務印書館，民國73年10月初版），卷4，〈食貨〉，頁18上下。

〔註22〕李增高、李朝盈，〈明代徐貞明與京畿地區的水利及稻作史話〉，《北京農學院學報》，2000年10月第15卷第4期，頁80。

〔註23〕明・丘濬，《大學衍義補》，卷34，〈治國平天下之要〉，頁10上。

〔註24〕明・陳子龍編，《明經世文編》，卷72，丘濬〈屯營之田〉，頁7上～8上。

〔註25〕黨武彥，〈明清期畿輔水利論の位相〉，《東洋文化研究所紀要》，第百二十五冊，頁145。

〔註26〕明・黃訓編，《名臣經濟錄》（《文淵閣四庫全書》史部201，臺北：臺灣商務印書館，民國73年7月），卷20，丘濬〈制民之產二〉，頁29上。

〔註27〕明・徐貞明，《潞水客談》，頁7。

其實要解決這五項困難點，貞明提出了三個解決方案：

有能力開墾荒地鑿井者，所開墾田地可成為自身產業，再繳納稅賦給官府，官府再定田之等第，依繳交田賦多寡，補以胥吏等，這樣有能力開墾田地者會競相奮起。

若有官員借貪墨以行私者，以法令令其捐錢來開墾荒地，開墾完成後，田歸屬於開墾者，官府再收其稅。

即使獲罪應發配邊疆者，可令其於附近田畝之間，認真墾田，官府再從中收其贖罪的費用，與常法並行，獲罪者亦樂於從之。〔註28〕

此墾田三策可行，如屯田一樣，況且北邊屯政若發展成功，則糧食充足，兵力強盛，敵兵臨至時，應之無虞；敵去時，又可堅守。富民欲為官者，能以萬人墾田者，即出以萬夫之人墾之；能以千夫百人耕者，則出以千夫百人以上墾田，使其勝任，並令子孫繼承墾業。因明代自建立以來，瀕海之地，設墩臺分戍瞭守，防備倭寇入侵，因為無田可耕之故，以致土地日益荒蕪，今日若在瀕海開闢田地，以世襲之法屯駐於其間，久而久之，田闢人亦多矣，於國家設墩分戍之意也相輔相成。〔註29〕

貞明認為國家分兵屯田，通於衛所之官，久之，則田隱占而屯田漸廢，乃因田授之於官而非自己產業，因而多廢棄不管。若富家能夠購買官田屯駐，則其田為己之產業，後世孫裔自能固守之，何患有隱占的憂慮？如此朝廷再課其稅賦養兵，相較之下，與原來武官士兵俸祿兵費皆仰賴朝廷，不可同日而語。且各邊屯政逐漸興舉，則經費自省，更何況致力於墾田者，墾得以自利，而每年的稅收又取諸於田產的收入，國家費用何患之有？達到田闢稅廣，費省用足之境。昔日虞文靖公（虞集）當日諫言不售，現今國家承平已久，西北曠土雨季多集中於夏季，收穫之時，少雨；南方卻得披簑而耕種，於雨天收割，且地勢高下懸殊，這是北方優於南方之所在，應選擇人廢棄之土，官府為其開墾為井田，如中尉以下，量歲俸祿方式，授與田地若干，使他們得以安居，將來支裔漸繁，田不再授予，且這些人既有田可以治生，也知曉田不再授與，皆於所受之田勤儉農耕於其間，並把每年所餘，再置產以為子孫計，其有才智者固然可以致富，即使傭拙者亦可以致力於田稼。〔註30〕

〔註28〕 明‧徐貞明，《潞水客談》，頁10。
〔註29〕 明‧徐貞明，《潞水客談》，頁10。
〔註30〕 明‧徐貞明，《潞水客談》，頁3～4、6、10～11。

三、前人經驗

（一）漳水十二渠

　　最早於海河流域發展引水灌溉工程的，應可推至戰國時代魏文侯命西門豹爲鄴（今河北磁縣和臨漳縣一帶）令開始。〔註31〕西門豹發動百姓開鑿漳水十二渠，灌溉民田，當時百姓皆認爲開渠灌溉是煩苦勞役，多不願開鑿，西門豹對百姓曉之以理，漳水十二渠開鑿完成後，百姓皆得水利，得以自給富足。〔註32〕到了魏文侯曾孫魏襄王時，以史起爲鄴縣縣令，引漳水灌溉鄴縣，富足了魏國河內（指黃河以北之地）〔註33〕地方，有民歌贊：「鄴有賢令兮爲史公，決漳水兮灌鄴旁，終古鹵兮生稻梁。」〔註34〕後有人賦稱：「西門漑其前，史起灌其後。」〔註35〕

（二）鄭國渠

　　鄭國渠修築起因於戰國時期，韓國欲消耗秦國國力，致使秦國無力東伐對韓國不利，遂派遣水工鄭國進入秦國，說服秦國引涇水向東開渠，與北山平行，從中山西邸瓠口（今涇陽西北五十里），注入洛水，長約三百餘里，灌溉農田用（見圖 4-1）。從秦始皇元年（246B.C）開始，花費約十多年的時間完工，灌溉烏腴之地四萬頃，收皆畝一鍾（約今畝產二百五十斤），關中因此成爲沃野，無凶年，秦國也因此而富強，最終併吞六國，因命此渠爲鄭國渠。〔註36〕其實涇水從隴東高原所沖積下來的淤泥富含有機質，除提供農作物所需的水分外，尚有沖刷鹽鹼、改良沼澤鹽鹵地爲沃野良田的功效。〔註37〕

〔註31〕 盧嘉錫總主編；周魁一著，《中國科學技術史・水利卷》，頁142。

〔註32〕 漢・司馬遷，《史記》，卷126，〈滑稽列傳第六十六〉，頁3211、3213。

〔註33〕 春秋戰國時期以黃河以北爲河內，黃河以南爲河外。詳參：史爲樂主編，《中國歷史地名大辭典》，頁1651。

〔註34〕 漢・班固，《漢書》，卷29，〈溝洫志第九〉，頁1677。

〔註35〕 梁・蕭統編；唐・李善注，《文選》（北京：中華書局，1997年11月第1版第1刷），卷6，左太沖〈魏都賦〉，頁13下。

〔註36〕 漢・司馬遷，《史記》，卷29，〈河渠書第七〉，頁1408。漢・班固，《漢書》，卷29，〈溝洫志第九〉，頁1678。姚漢源，《中國水利發展史》（上海：上海人民出版社，2005年8月第1版第1刷），頁52。

〔註37〕 姚漢源，《中國水利發展史》，頁52。李令福，《關中水利開發與環境》（北京：人民出版社，2004年第1版第1刷），頁19。

圖 4-1：鄭國渠示意圖

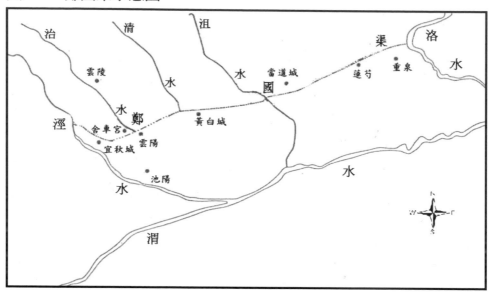

資料來源：修改自李令福，《關中水利開發與環境》，頁 41，圖 2-3。

（三）文翁鑿湔江口灌田

文翁，前漢廬江（今安徽省境內）人，因郡縣吏察舉為官，漢景帝末年受為蜀郡郡守，其人仁愛好教化，興官學於成都市中，文風因此大化，並開鑿湔江（即今四川都江堰市東之蒲陽河）口灌溉繁田一千七百頃，讓蜀郡成為當時世平道治、民物阜康之地。〔註38〕

（四）白公引涇水灌田

漢武帝太始二年（95B.C），趙中大夫白公奏言開渠，引涇水首起谷口（今陝西禮泉縣東北五十里），尾入櫟陽（今陝西西安縣東北），注入渭水，長二百里，灌溉農田四千五百餘頃，因而命名為白渠，百姓農田得白渠灌溉而富饒。當時有歌謠傳誦贊鄭國渠與白渠開鑿成功後所帶來的富饒：「田於何所？池陽、谷口。鄭國在前，白渠起後。舉臿為雲，決渠為雨。涇水一石，其泥數斗。且溉且糞，長我禾黍。衣食京師，億萬之口。」〔註39〕

〔註38〕 漢·班固，《漢書》，卷89，〈循吏傳第五十九〉，頁 3625～3626。晉·常璩，《華陽國志》（《叢書集成初編》，北京：中華書局，1985 年北京新 1 版，據宋本重刊），卷 3，〈蜀志〉，頁 31。明·曹學佺，《蜀中廣記》（《文淵閣四庫全書》史部 349，臺灣：臺灣商務印書館，民國 73 年 10 月初版），卷 55，〈風俗記第一〉，頁 3 上。

〔註39〕 漢·班固，《漢書》，卷29，〈溝洫志第九〉，頁 1685。

（五）馬援引洮水種秔稻

馬援（14B.C～47）字文淵，扶風茂陵（今陝西省咸陽市與興平市間北原上）人，後漢光武帝璽書拜馬援為隴西太守，破西羌後，上言漢光武帝：如果讓羌人在湟中（指今青海湟水兩岸之第）盤據，則為害不休，以西城多牢固，易於防守，其田土肥壤，可疏通河川可資灌溉，不可棄也。光武帝同意其所議，馬援遂為狄道開渠，引洮水開導水田，勸以耕牧，種秔稻，成為郡中樂業。〔註40〕

（六）虞詡復三郡（朔方、西河、上郡）

虞詡字升卿，陳國武平（治所在今河南鹿邑縣西北）人，拜武都（在今甘肅西和縣南）太守遷司隸校尉終尚書令，因安定（今甘肅鎮原縣東南）北方等地，羌人為亂，郡縣地多荒蕪。後漢順帝永建四年（139），時職尚書僕射虞詡上〈請復三郡疏〉，希冀恢復朔方郡（轄境相當今內蒙古伊克昭盟西北部及巴彥淖爾盟後套地區）、西河郡（轄境相當今內蒙古伊克昭盟東部，蘆芽河以西）、上郡（轄境約在今陝西北部及內蒙古烏審旗等地）三地屯田：〔註41〕

> 臣聞子孫以奉祖為孝，君上以安民為明，此高宗、周宣所以上配湯、武也。《禹貢》雍州之域，厥田惟上。且沃野千里，穀稼殷積，又有龜茲鹽池以為民利。水草豐美，土宜產牧，牛馬銜尾，羊塞道。北阻山河，乘陀據險。因渠以漑，水舂河漕。用功省少，而軍糧饒足。故孝武皇帝及光武築朔方，開西河，置上郡，皆為此也。而遭元元無妄之災，眾羌內潰，郡縣兵荒二十餘年。夫沃壤之饒，損自然之財，不可謂利；離河山之阻，守無險之處，難以為固。今三郡未復，園陵單外，而公卿選懦，容頭過身，張解設難，但計所費，不圖其安。宜開聖德，考行所長。〔註42〕

〔註40〕宋·范曄；唐·李賢等注，《後漢書》（北京：中華書局，1973年3月第1版第2刷），卷24，〈馬援列傳第十四〉，頁827、835～836。陳橋驛，《水經注校釋》，卷2，〈河水〉，頁28。

〔註41〕清·劉於義等監修；沈青崖等編纂，《陝西通志》（《文淵閣四庫全書》史部311，臺灣：臺灣商務印書館，民國73年10月初版），卷38，〈屯運二〉，頁1下。清·清聖祖御選；徐乾學等奉敕編注，《御選古文淵鑒》（《文淵閣四庫全書》集部356，臺灣：臺灣商務印書館，民國75年3月初版），卷19，虞詡〈請復三郡疏〉，頁33下。

〔註42〕宋·范曄；唐·李賢等注，《後漢書》，卷87，〈西羌傳第七十七〉，頁2893。

漢順帝同意，乃激河浚渠為屯田，省內郡支出費用，歲以億計，讓安定、隴西等地，穀粟充裕。〔註43〕

　　貞明認為水利的修廢是因人們聚散的結果，而其主導權則操之於當權者。自三代繁盛時期的井田溝洫，至後來的戰國時代魏國史起引漳水灌溉鄴縣；秦國鄭國渠溉潟鹵之地，灌四萬餘頃，使關中成為沃野，秦因而富強；前漢文翁灌溉繁田一千七百頃而蜀富饒；白公穿渠引涇水灌田四千七百餘頃而民亦饒富；馬援引洮水種秔稻而狄道並塞，人民得以樂業；虞詡復三郡激河浚渠為屯田而省內郡之費用。三代以來，自魏以下，水之為利也，但卻多在西北之境。今日西北之田，曠廢已久，人口日益增長，若能讓南方人安居於西北，則利無不興也。〔註44〕貞明舉了這些例子，除了文翁於四川外，其他多在陝西或河北境內，隱約說明了在西北上游地區開發渠道可興農田水利，又可減緩下游水勢，也證明發展西北水利是可行的，端看人為與當權者的決定與水利開發。

四、興修始末

　　貞明於萬曆三年，工科給事中任內上〈亟修水利以預儲蓄酌議軍班以停勾補疏〉曰：往昔西北地方為沃壤之地，惟獨水利不修以致荒蕪，甚為可惜，如能仿造南方人造圩田〔註45〕方法，引水灌溉農田，再專委憲臣為開發西北水利專職，假以歲月，則畿輔諸郡以及京東瀕海水利皆可修舉。〔註46〕工部覆議後，以疏濬水利可施行，但因勞役百姓與花費大筆國家經費，明神宗裁定畿輔之地，民勞財匱，當今之務在於安靜省事與民休息，等百姓經濟生活復甦後，方規劃執行仍未晚，〔註47〕開發西北水利之事遂寢。

　　貞明撫膺而嘆，認為發展西北水利為經國之大事，雖效遠而難臻；驟然而行之，則事駭而未信也。貞明親自到永平瀕海近山之境去做實地考察，得知水土之宜，疆理知識，相信發展西北水利確實可行，希望建言能夠被採用，

〔註43〕宋・范曄；唐・李賢等注，《後漢書》，卷87，〈西羌傳第七十七〉，頁2893。

〔註44〕明・徐貞明，《潞水客談》，頁6～7。

〔註45〕淤田，中國南方多水地區，沿江濱湖的窪地，臨水修築堤防，周圍築圩岸，防止外水大時侵入。圩內外再開灌溉與排水兩用的溝渠，圩堤下設灌溉與排水的涵閘，這種農田稱為圩田。詳參：姚漢源，《中國水利發展史》，頁238。

〔註46〕明・不著撰人，《明神宗實錄》，卷44，萬曆三年十一月巳酉條，頁5下～6上。

〔註47〕明・不著撰人，《明神宗實錄》，卷44，萬曆三年十一月巳酉條，頁6上。

欲再上疏以請求發展西北水利事宜，但因傅應禎之事，徐貞明遭受貶官，遂於謫官行自潞河途中，著《潞水客談》一書，藉由主（徐貞明）客人之間的對談，闡述發展西北水利之見。〔註48〕

貞明於《潞水客談》成書後，認爲以南方米售於北方，其利僅十分之三，而舟車之費亦不少，若能於京師附近開招糴之府，再出以告示，令有能力於北方種稻爲米而報糴者，其價格如同售於北方一樣，由招糴之府收購。這樣一來，販售南方米者，必定爭相爲之，因這樣不但可省舟車之勞，以爲耕耘資金；又坐享其利於阡陌之間，而無風波之險，是「驅商爲農，寓農於商」。不過，這方法是否可行，連貞明自己本身也懷疑而曰：「似乎可行」。〔註49〕

萬曆十二年（1584）十月，湖廣道御史徐特與前御史蘇瓚〔註50〕俱言：尚寶司司丞（徐貞明）所條陳沿邊發展水利墾田事宜，轉輸省而兵食可足，溝渠密而可限敵騎戎馬，應咨與相關各撫臣，選深諳水利南方人，再委任司道官允許南來游食之民自備資本，任力開墾，永不起科。若有司開墾數多，即行分別獎薦擢拔，但不能責以開墾期限，派人騷擾，如有奸民藉豪強之勢轉相隱匿租稅不法者，以法究治。每年年終時，再以開墾成果以爲獎勸依憑。〔註51〕萬曆十三年三月，兵部尚書譚綸（1520～1577）見到《潞水客談》一書，有感而發地說：久歷塞上，知《潞水客談》書所提之開發西北水利必可實行也。時任順天巡撫張國彥與道臣顧養謙於永平府與薊府玉田縣、豐潤縣發展農田水利皆有效，於是徐貞明召還爲尚寶丞。〔註52〕工科給事中王敬民上疏推薦貞明修水利，明神宗特加貞明爲尚寶少卿並命撫按官員曉諭所在軍

〔註48〕明・徐貞明，《潞水客談》，頁1。明・不著撰人，《明神宗實錄》，卷159，萬曆十三年三月壬辰條，頁4下。

〔註49〕明・徐貞明，《潞水客談・自書客談後》，頁12。

〔註50〕蘇瓚，《明史》載爲「蘇瓚」，本文採以《明實錄》記載「蘇瓚」爲主。詳參：清・張廷玉等，《明史》，卷223，〈列傳第一百十一〉，頁5884。明・不著撰人，《明神宗實錄》，卷154，萬曆十二年十月癸卯條，頁1下。

〔註51〕明・不著撰人，《明神宗實錄》，卷154，萬曆十二年十月癸卯條，頁1下～2上。

〔註52〕《明史》所載譚綸之言與張國彥、顧養謙之事放在蘇瓚、徐特之言前面，這是有待商榷的，因按《明神宗實錄》記載蘇瓚、徐特之言在萬曆十二年十月，而譚綸之言與張國彥、顧養謙之事在萬曆十三年三月。清・張廷玉等，《明史》，卷223，〈列傳第一百十一〉，頁5884。明・不著撰人，《明神宗實錄》，卷159，萬曆十三年三月壬辰條，頁4下。

民。而巡關御史〔註 53〕蘇鄷再疏：治水與墾田相濟，未有水不治而田可墾者
也。畿郡水患莫如盧溝、滹沱二河，當夏秋霖潦之時，膏腴之地變爲舄滷；
菽麥化爲萑蒲，而水患之當除，可分爲三點：

（一）濬河以解決水之壅塞。

（二）疏通渠道以殺淀之勢。

（三）撤曲防以平均民利也。〔註 54〕

工部乃請蘇鄷商議，並令貞明遍歷郊關各處與撫按司道講求疏濬瀦蓄之法。
〔註 55〕

　　在諸多大臣的力薦下，明廷遂於萬曆十三年九月，任貞明以尙寶司卿兼
監察御史領墾田使，鑄督理墾田水利關防。貞明奉旨查勘墾田水利，周歷京
東地方，相土原隰之宜，測水分合之勢，欲使諸地皆可成爲可耕之地，諸水
有利而無患，乃上條陳詳悉：〔註 56〕

（一）地之荒蕪者，開墾之；水之衝漫者，築隄防。

（二）南北地域差異，黍適合北方燥濕天氣，猶如南適合種稉。

（三）北人不習種稻，宜募南方諳曉農事者，工費衣食爲之處辦，以一
　　　教十，以十教百，以百教千，數年之後，種稻之利可與黍稷媲
　　　美。

（四）懷土者未必願意遷徙至北方，宜多方鼓動，能墾田百畝以上者，
　　　即爲世業，子弟得寄籍入學；力於墾田者，科量授鄉、鄙等長。
　　　這樣有所獎勵則歸附者將接踵而至也。

（五）開荒新聚集之民，以備旱潦不時饑饉之需。據議，萬曆十四年開
　　　始，每年應積穀石三分，一留倉備賑，一出陳易新，一春季耕作
　　　之時，有司巡行阡陌間，若有墾荒無力疏水而無資金者借貸之，
　　　等到秋天收成時還官，如遇旱潦之災則免收其償。如此則貧民有
　　　所恃，而墾荒疏渠得以兼資也。

（六）南方農民應募，則食、住、牛等，總倚辦于官，宜於太倉銀庫內動
　　　支二萬兩支付。初墾之年，許農民自收，二年後，再將一半還官。

〔註53〕有關巡關御史，可參見：戴順居，〈明代的巡關御史〉，《明史研究專刊》，第
　　　　14 期，2003 年 8 月初版，頁 167～200。

〔註54〕明・不著撰人，《明神宗實錄》，卷 159，萬曆十三年三月壬辰條，頁 5 上。

〔註55〕明・不著撰人，《明神宗實錄》，卷 159，萬曆十三年三月壬辰條，頁 5 下。

〔註56〕明・不著撰人，《明神宗實錄》，卷 165，萬曆十三年九月丁丑條，頁 2 下。

（七）蘇解各州縣因田起役之久役民壯，即古寓兵于農之意，今用以治
　　　田未免終歲勞苦，宜照舊例只役三月，在秋場既畢時，利用夏季
　　　禾未種之時，疏濬河川。〔註57〕

勸農而興水利為牧養斯民首要任務，不必別設勸農水利之官，只要擇能勝任
之人，如守令等就任之，再責以開墾農田水利，如此可防專任水利之官因喜
事而勞民，水利可興矣！〔註58〕

戶部尚書畢鏘贊同貞明條陳，將之議為六事以上報朝廷：

（一）請郡縣有司以墾田勤惰為殿最，聽貞明舉劾。

（二）地宜稻者以漸勸率，宜黍宜粟者如故，不遽責其成。

（三）召募南人，給衣食農具，俾以一教十。

（四）能墾田百畝以上，即為世業，子弟得寄籍入學，其卓有明效者，
　　　倣古孝弟力田科，量授鄉遂都鄙之長。

（五）墾荒無力者貸以穀，秋成還官，旱潦則免。

（六）郡縣民壯，役止三月，使疏河芟草，而墾田則募專工。〔註59〕

明神宗鼎力支持貞明，若有官員阻撓者即以劾治。貞明到永平府盧龍縣開始
他的西北水利事業，總兵戚繼光並派兵協助。〔註60〕萬曆十三年閏九月，戶
部覆科臣姚學閔上言：開發水利乃阜民安邊深謀遠慮之策也，應推廣於東南
等地。至於曾經閱視宣府，目擊沿河數處類多水田，尚有濱河、曠衍棄為榛
莽尚未開墾之地，累與屯軍之告爭也，應併貞明親履其地治水開墾荒地。明
神宗同意姚學閔的建言，命令撫按官員配合。〔註61〕

貞明於盧龍縣開發墾田的同時，萬曆十四年（1586）正月，據工部統計
經略水患措處所需費用，夫役銀為一萬九千三百一十三兩一錢，霸州堪動官
銀三千七百八十兩餘，再動用真定府存留贓罰銀二千兩、保定府五千兩、河
間府八千五百三十三兩一錢，疏濬安州雄縣、保定等處河身及挑築束鹿、深
州河隄所用人夫役民，其工食要於各府州縣積穀內酌量動支，還可勸諭富民

〔註57〕明·不著撰人，《明神宗實錄》，卷165，萬曆十三年九月丁丑條，頁2下～4
　　　　上。
〔註58〕明·徐貞明，《潞水客談》，頁8。
〔註59〕清·張廷玉等，《明史》，卷223，〈列傳第一百十一〉，頁5884～5885。
〔註60〕盧龍縣志編纂委員會編纂，彭勃主編，《盧龍縣志》（天津：天津人民出版社，
　　　　1994年12月第1版第1刷），頁220。
〔註61〕明·不著撰人，《明神宗實錄》，卷166，萬曆十三年閏九月庚申條，頁4下～
　　　　5上。

捐資再予以表率。另外，修建河間任丘橋梁及墊築道路共需銀三千六百八十八兩，宜向河間府借官銀抵用。至於滹沱、子牙河等河道因路遠工多，難以驟行，費用再另行酌意。〔註62〕

疏濬河川，光是夫役銀一萬九千三百一十三兩一錢，工食的費用由各州府的積穀來給付，如修建任丘橋梁及墊築道路就需銀三千六百八十八兩，這也是先向河間官府借貸，足見當時國庫空虛，必須先由地方府州縣借貸或由富民捐資幫助才能完成，但府州縣官府經費也不止用於修濬河道，要借貸三千六百八十八兩殊爲具文，富民也須有利益才願資助，光靠表彰來獎勵似乎不可行。至此，貞明疏濬水利事業夭折已可預知矣。

萬曆十四年三月，原本滹沱自束鹿天宮口趨饒陽，貞明議從深州疏渠分河流向釜陽河，〔註63〕福建道監察御史王之棟對此頗有微詞，上疏給明神宗提出滹沱一河爲眞定府大患，遍詢諸父老均說此河決不可以人力治理，提出不可治的原因有十二：

　　（一）水迅土沙難以修築，徵派紛出，地方滋擾。

　　（二）湮塞無定，故道難復。

　　（三）深州故道，枉費無成；水勢漂湃，流派難分。

　　（四）挑濬狹淺，難殺水勢；淤沙害田，難資灌漑。

　　（五）費少不敷，必資剝削，恐生民怨。

　　（六）群聚不遏、勤勞不息，恐致他變。

　　（七）引流入衛河，恐妨運道。

　　（八）三輔庫藏倉儲不可罄竭。

　　（九）價易地奪，民業生怨。

　　（十）工夫鱗集，蹂躪爲害。

　　（十一）不可偏侯附邑。

　　（十二）供費浩繁，羽士募化非體。〔註64〕

明神宗得知此議後，命令會議討論。工部上覆皇帝，任何事均有利害雙方面，

〔註62〕明・不著撰人，《明神宗實錄》，卷170，萬曆十四年正月己酉條，頁4上下。田口宏二朗，〈明末畿輔地域における水利開発事業ついて～～徐貞明と滹沱河工〉，《研究ノート》，1997年第6期，頁66～67。

〔註63〕清・吳汝倫，《深州風土記》，記2，頁10上。

〔註64〕明・不著撰人，《明神宗實錄》，卷172，萬曆十四年三月癸卯條，頁8下～9上。

而貞明從奉詔書開墾水利以來，勞苦功高，不到一年的時間，所開墾熟田數已達到三萬九千餘畝，已爲畿輔地區謀不少民生福利，惟獨整治盧溝河與滹沱河如王之棟所言，實有不便之處。明神宗有受騙之感，既然墾田水利稱不便，先前踏勘時，何不題請停止，以致於輕動擾民，原建議諸官當加以追究，念在本心爲公眾謀福，姑且寬恕之，遽下旨罷貞明憲職，即刻回京。〔註65〕

從萬曆十三年九月，徐貞明受璽書爲尚寶司卿兼監察御史領墾田使，至萬曆十四年三月，爲時約八個月的時間，〔註66〕共開墾三萬九千餘畝的農田，在一條詔書下，隨即告終。果如貞明《潞水客談》中，所料，開發西北水利，「妨小民之業，怨隱而害深；奪豪右之利，怨顯而謗速」。〔註67〕而王之棟正是豪右代表，但阻止貞明繼續發展農田水利的原因，認爲滹沱河無法以人治，提出十二條原因。仔細分析這十二條原因，就第一項「水迅土沙難以修築」與滹沱河難治較有相關，其他則是修治任何工程或河道均須面對的問題，若說「湮塞無定，故道難復」而十二條之說則牽強附會，明神宗竟不察而相信之，況且在此之前，內閣大學士申時行就曾上言明神宗：

> 今國家歲費無涯，既不能節而戶口逃亡日眾，田地荒蕪日多，民無餘財，地有遺利。故莫若興地之利以助民之財，此則建議者之初意也。譬如富民之家，苟有尺寸之地，亦必使種蔬樹果以資日用之需，況于畿輔之區，荒閑彌望而顧棄之不耕、廢之不用，徒使勢力之家占爲己有而不佐公家之急利，不在國又不在民，豈不深可惜哉？……《大明律》：荒蕪田地有罪、失時不修隄防有罪。今以荒蕪不修謂之便民，以墾田興利謂之害民，不亦左乎？然而爲此說者，其故有二：北方之民，游惰好閑，憚于力作，水田則有耕耨之勞、胼胝之苦，不便一也；貴勢有力之家侵占甚多，不待耕作而坐收其蘆葦薪芻之利，若開墾成田，必歸民間、必隸有司，使坐失已成之業，不便二也。然以國家大計較之，則不便者小，而便者大矣！……臣等以爲墾田之舉但宜斟酌地勢、體察人情，其沙鹵不堪之處，不必盡開；其見種黍麥之田，不必改作應用，夫役官爲雇募如滹沱等，河既難疏治，暫行停罷，要在不拂民情、不失地利，乃

〔註65〕明・不著撰人，《明神宗實錄》，卷172，萬曆十四年三月癸卯條，頁9上。
〔註66〕因萬曆十三年多一個月，閏九月。
〔註67〕明・徐貞明，《潞水客談》，頁8。

為謀國之長策，若以此為害民之事則臣等不敢以為然也。……上復
云：朕居深宮，外間民情事務不能周知，賴先生（申時行）每調停，
可不時奏來。〔註68〕

在王之棟上疏稱滹沱河不可治前，申時行才上疏：「畿輔之區，荒閑彌望而
顧棄之不耕、廢之不用，豈不深可惜哉？」況且「荒蕪田地不開墾，失時不
修隄防」違反《大明律》規定，可以治罪。若說滹沱等河若難治，則可暫時
停擺，務要在「拂民情、不失地利，乃為謀國之長策」原則下行之。明神宗
自己也說：「朕居深宮，外間民情事務不能周知。」豈能因王之棟言滹沱河
不能治與其他附會之說，就因噎廢食。滹沱河不能治不代表西北就不能開發
水利，實為明神宗的失察與貴勢有力之家的阻礙，也佐證帝王言行凌駕於法
律之上。早在貞明初議西北水利時，吳（今江蘇蘇州）人伍袁萃曾告知貞明：
「北人懼東南漕儲派於西北，煩言必起。」貞明默然。果真，遭王之棟劾奏。
〔註69〕

第二節　南北政爭

一、北人爭議

　　自從元代定都北京以來，開墾西北水利之說始於虞集，明代丘濬時，西
北水利之說又開始盛傳，但均未付諸實行。萬曆三年，貞明任工科給事中，
上〈亟修水利以預儲蓄酌議軍班以停勾補疏〉，時內閣大學士張居正亦頗為認
同，方付實行，貞明卻因傅應禎譏切時事受到牽連貶官。〔註70〕直到萬曆十
三年，其興修西北水利之議再度受到重視，明神宗加以憲職，使治農田水利
得以便宜行事。當時以大學士申時行（萬曆十年六月，張居正已過世，申時
行任首輔）為首的官員表示支持，他在萬曆十四年三月，上疏：「畿輔之區，
荒閑彌望而顧棄之不耕、廢之不用，徒使勢力之家占為己有而不佐公家之急
利，不在國又不在民，豈不深可惜哉？」道出閒田不耕，受梗癥結，他憂心
「貴勢有力之家侵占甚多，不待耕作而坐收其蘆葦薪芻之利，若開墾成田，
必歸民間、必隸有司，使坐失已成之業」。因而申時行在貞明任職西北水利期

〔註68〕明・不著撰人，《明神宗實錄》，卷172，萬曆十四年三月庚子、癸卯條，頁4
　　　　下～6下。
〔註69〕清・張廷玉等，《明史》，卷223，〈列傳第一百十一〉，頁5885。
〔註70〕明・沈德符，《萬曆野獲編》，卷12，〈戶部〉，頁320。

間，特上疏明神宗：一方面擔心明神宗聽信貴勢之家的進言，反對開發西北水利；一方面經國大事需長時間方可見效，怕明神宗隨時間的增長而動搖，畢竟這是役民與費財的大事，若無功效，難逃反對者攸攸眾口。

果然兩天（萬曆十四年三月，辛丑日～癸卯日）後，福建道監察御史王之棟上疏〈請罷濬河疏〉，王之棟從萬曆十三年邸報〔註71〕得知：〔註72〕

> 上（尚）寶司少卿徐貞明一本爲畿郡數遭水患，懇乞敕司臣承時勘議以恤民艱，以興地利事，奉工部知道。夫貞明者，今所稱任事之臣也，前年春奉詔書興西北水利事，兩年以來，沿邊瀕海之處，報有成效。邇者，且欲瀘溝、滹沱二大津，復故道、建橋樑以除厥害，良亦勤矣，謭陋愚臣何足以佐末議，況人也。所興之利，利西北者也；所除之害，害西北者也。即臣當尸祝而俎豆之，復何忍言。第桑梓大事，雖愚不諳興革非常，順民則便，如京東水利，其效與否，臣不敢。〔註73〕

從王之棟〈請罷濬河疏〉前面部分與貞明〈亟修水利以預儲蓄酌議軍班以停勾補疏〉、《潞水客談》交相比較下，認爲貞明是爲「畿郡數遭水患，懇乞敕司臣承時勘議以恤民艱、以興地利」，得知王之棟扭曲貞明興修西北水利主要是因「賦稅所出，括民脂膏，而軍船之費，夫役之煩，常耗費數石而只送達一石，東南之力竭矣，而河流多變，運道時梗，忠於謀國者，鏡勝國之往事，慮變於將來竊有隱憂焉。是竭東南之力而不能保國計於無虞，此西北水利所當亟修者也」〔註74〕與「東南轉輸，每以數石而致一石，民力竭矣！而國之大計，亦未能暫紓也。惟西北有一石之入，則東南省數石之輸」〔註75〕，畢竟遠資難繼之餉，豈長久萬全計哉？〔註76〕因此貞明發展西北水利最主要目的是在於發展農田水利，達成西北能夠自給自足，不須完全依賴東南糧食北運以紓民困，而不是爲畿輔地區常有水患，特來治瀘溝、滹沱二河。貞明發

〔註71〕邸報，中國最古的報章。漢之郡國，唐之藩鎮，並置邸於京師，爲來朝止息之處，邸中傳抄詔令章奏之屬，以報於諸侯，謂之邸報，亦稱邸鈔。後世有閣鈔、科鈔等，皆此類也。詳參：中文大辭典編纂委員會，《中文大辭典》，頁14583。

〔註72〕伊承熙等修、張震科等纂，《寧晉縣志》，卷9，〈藝文上〉，頁27下。

〔註73〕伊承熙等修、張震科等纂，《寧晉縣志》，卷9，〈藝文上〉，頁27下～28上。

〔註74〕明·吳亮輯，《萬曆疏鈔》，卷48，徐貞明〈亟修水利以預儲蓄酌議軍班以停勾補疏〉，頁1上下。

〔註75〕明·徐貞明，《潞水客談》，頁2。

〔註76〕明·徐貞明，《潞水客談》，頁2。

展西北水利的順序由京東再北直隸，最後至整個西北地區，況且貞明所受的璽書是向寶司卿兼監察御史領墾田使而並非領治河使。再者，貞明議治滹沱河是「自深州疏渠分河流歸釜」陽河，〔註77〕而並非如王之棟所言「復故道、建橋樑」。

《明神宗實錄》所記載王之棟上疏滹沱河不可以人力治的十二條原因，只能說是提綱挈領，而分析〈請罷濬河疏〉就能了解，王之棟乃北直隸寧晉縣人，見滹沱河屢屢為患，常思索是否有治理方法。詢問當地父老與學問淵博之人，均眾口一詞：「此河決不可以以人力治」，所以具河狀並貞明所建議，列為十二事疏陳明神宗。〔註78〕向明神宗表明滹沱河不可以以人力治，但並未說西北水利不可以人力開發。若王之棟真是為北直隸百姓著想，滹沱河特性為「水性驕悍，土疏善崩，壅決不常，遷徙靡定」，〔註79〕這是寧晉縣人所應知曉的，但為什麼當時貞明受璽書專墾田事時，王之棟不上疏，卻反在「兩年以來，沿邊瀕海之處，報有成效」後，將欲自深州疏滹沱河渠於歸釜陽河時再來上疏，可見居心叵測。王之棟自言，凡是倡言要修築滹沱河者，皆徒勞而無功，糜費而貽害，若為治河而徵派紛出，將滋擾地方，要除害反而貽害，更何況明代立國以來，人心安於現狀，一旦役民治河，將驚駭百姓。然滹沱河原無定居，時常遷徙，自洪武朝開始至隆慶三年，水溢氾濫不可勝計（見表 3-3），且遷徙或南或北。〔註80〕此為建議不可治之前三事，和貞明治河理論與開發西北水利無太大關聯，至多只是敘述滹沱河難治情況。

論及維修費用上，不可為之第五點：工費不敷時，即剝削多方以期完工，當此旱潦之時，百姓於災難中，如何能再讓官方剝削，失卻皇上屢屢頒詔書蠲租與賑貸美意，以致於吮吸百性的膏脂。其實第五點與第八點，借支庫藏，若倉儲不足必定會多方設法搜索，假公以潤私囊相似，可並列為同一點。〔註81〕這也是王之棟巧令之處，先講明神宗屢屢頒詔書減輕百姓負擔，而貞明卻為興修水利而多方剝削，挑起明神宗對貞明的不滿。一方面第五點與第八點可以合成一點來談，故意分成兩點來論，多一條「不可為」因素細數貞明的錯誤，鞏固自身評論的正當性。另外，第九點：

〔註77〕清‧吳汝倫，《深州風土記》，記2，頁10上。
〔註78〕伊承熙等修、張震科等纂，《寧晉縣志》，卷9，〈藝文上〉，頁28上。
〔註79〕伊承熙等修、張震科等纂，《寧晉縣志》，卷9，〈藝文上〉，頁28下。
〔註80〕伊承熙等修、張震科等纂，《寧晉縣志》，卷9，〈藝文上〉，頁28上～30上。
〔註81〕伊承熙等修、張震科等纂，《寧晉縣志》，卷9，〈藝文上〉，頁30下、31下。

束鹿、深州等處，去臣居甚近，則地之肥瘠亦大不相遠。上地一畝
可易二、三金，次不下一金，最下則五錢極矣。即河地不鹹而業開
墾，諒非不毛之地，當與最下者等，乃止以三錢易，猶曰令厚於民
使無怨言。夫河流既徙，民方開爲成業，或聯建庄圃，茲舉而奪之，
且廉其所值若此，其不叩心側目，呶呶興怨者，有事理乎？此其不
可者，九也。〔註82〕

上一章已舉謝肇淛《五雜組》史料證明，華北地區每下雨經日曬後，土壤竟
如白鹽者無數，地多鹹鹵，就算有滹沱河沖積灌溉，那其他無河川沖積之地，
百姓情何以堪。又王之棟自己也說，滹沱河多水患，而水患多仍無須治理，
否則黃河也是眾所周知，經常氾濫，難道就置之不理！這樣的做法如掩耳盜
鈴，且整個西北地區又不止侷限於滹沱河流域，難不成黃河氾濫，整個黃淮
平原就不發展農田水利？

　　王之棟講到運道轉輸乃國家咽喉，又引滹沱河水會清河以進入衛河，其
眾流所匯則湍激，則怒而相搏，其勢必逆於上，豈能保障不氾濫，更何況引
滹沱河之水進入衛河，於運河有所妨礙，運河有所阻，則南糧北運受阻，此
爲不可人治者第七項。明成祖永樂時期衛河爲患，尚書宋禮以開數小河奏請
明成祖：「當農時農務方興，應於秋天收成之後爲之。」後來秋收之後，萬夫
聚集，出入蹂躪、饔殽往來兩岸之地，幾乎成爲交通要道，但並無妨礙播種，
此爲不可治者第十項。明代，堂堂聖朝自有大體，在一舉動之間均是有關國
家社稷者，揆之天理，有萬分必不得已者，方用內帑或徵附近丁夫，濟之可
也。但今日開發西北水利之事卻強而爲之，供費浩繁，僅靠一二位羽士籌劃，
這是對朝廷的羞辱有損國家言面者，若傳之後世，將會如何？此爲王之棟認
爲滹沱河不可以人治的第十二項理由。〔註83〕王之棟這三點看似冠冕堂皇，
言之鑿鑿，但實際觀之，是之棟利用國家最重視的生命線——運河言滹沱河
不可治，且水有就下特性，就算湍激也只氾濫，很少逆而上者。第十項，言
貞明發展水利會有妨農時，此似有欲加之罪之嫌，因貞明是要發展農田水利，
若有礙農忙，那又如何發展農田水利？第十二項是以歷史規諫明神宗，說貞
明所爲之事爲勞民傷財不可爲之。試問國家建設有哪項沒有役夫而可以竣
工？又哪項不用財帑而可完成？

〔註82〕伊承熙等修、張震科等纂，《寧晉縣志》，卷9，〈藝文上〉，頁31下～32上。
〔註83〕伊承熙等修、張震科等纂，《寧晉縣志》，卷9，〈藝文上〉，頁31上、32上下。

《潞水客談》載：「南北治田，勞逸不同。北人習於游惰，猝而驅之，宜有未從者。然彼之鹵莽而穫，若以南之勞，治北之田，則一畝可倍數畝之入，其嗜利之心，必且潛移其好逸之習，而其爭先力田者，官又稍爲優異之，必羣然恥逸而趨勞」。〔註84〕而之棟〈請罷濬河疏〉言貞明開發西北水利，乃欲募南方人到北方開墾，離家背景，揭竿蜂起，將如何之？不知詢問洞悉地方事務的長者，妄加開濬疏渠，殺橫奔之勢以資灌漑；不知引水入田成爲淤沙，反不能潤苗而害苗，此爲眞正貞明疏忽的第四、六、十一項。〔註85〕貞明在此三點上，確實可以引爲借鑑，但非如王之棟所言貞明「不善體任事之意、虛報其功」。〔註86〕

申時行擔心的問題在王之棟上疏〈請罷濬河疏〉前幾天已向明神宗說明，貞明墾田惟艱之一，乃「貴勢有力之家侵占甚多，不待耕作而坐收其蘆葦薪芻之利，若開墾成田，必歸民間、必隸有司，使坐失已成之業」。可見在貞明發展西北水利的過程中，已有一些北方貴勢有力之家從中活動，阻撓西北水利的開發，申時行不得不搬出《大明律》對明神宗規勸與曉之以法，但仍不敵中官等人在皇帝身邊的每日讒言，而王之棟〈請罷濬河疏〉正是這些北方貴勢有力之家反對輿論總結的代表。朝廷以申時行爲首，贊同開發西北水利者，志不得抒，申時行在其《賜閒堂集》就頗多感嘆：

> 京東諸州縣多卑窪，沮洳彌望，或云可開水田如江南耕耨法，歲收自倍。而徐尚寶（徐貞明）特主其說，具在《潞水客談》，余深是之。乃請旨下近京郡縣酌量修舉，以尚寶兼憲職（監察御史領墾田使）董其事。尚寶從河間經始，工費無所出至，令人募化，築堤捍水頗有緒。乃之薊州招男兵之習農者，使畫地耕作，仍給之餉，一時農兵大集墾田以億計。畝收一鍾，撫臣及司道方次第開報，而北人官京師者，倡言水田既成則必倣江南起稅，是嫁禍也，乃從中撓之。御史王之棟疏請罷役，而中官在上（明神宗）左右者多北人，爭言水田之不便，上意亦動。會朝畢，召余（申時行）及同官于皇極門，面諭以水田當罷。余對言：「高田宜黍麥，下田宜種稻。今民間游惰，下田皆棄不耕，荒蕪寖多，故議開墾，非欲盡廢已熟之田也」。上云：

〔註84〕明・徐貞明，《潞水客談》，頁8。
〔註85〕伊承熙等修、張震科等纂，《寧晉縣志》，卷9，〈藝文上〉，頁30上～31上、32下。
〔註86〕伊承熙等修、張震科等纂，《寧晉縣志》，卷9，〈藝文上〉，頁32下～33上。

「荒田可開，水田不可做。」余退而上疏極陳利便，而上意竟不可回，遂切責尚寶以爲擾民，而初議盡格矣。彼中開墾已成，收獲甚富，一聞詔下，盡撤毀堤岸斥爲閒田，垂成之功廢于一旦，良可惜也。余歸鄉已二十年，而鄉人自北來者云京東稻田頗廣，白粲輒輸京師供上用。……蓋農兵留彼中，自行開墾，不關有司，而人亦無撓之者，乃知民可樂成，不可與慮始甚矣！夫任事之難也。〔註87〕

其實明代勳戚占田頗爲嚴重，《明史》記載：明代草場頗多，占奪民業者，多爲皇莊及諸王、勳戚、中官莊田。嘉靖三十九年（1560），就曾派遣御史沈陽清奪隱冒莊田一萬六千餘頃。明代中葉以後，莊田侵奪民業，與國相終。〔註88〕貞明早就意識到發展西北水利必定會役重而民擾、勢逆而功難，應請特命憲臣寔心能爲國爲民之人，假以事權，不沮浮議、不求近功開發西北水利。〔註89〕似乎貞明也知道開發水田會影響勳貴們的利益，〔註90〕言明開發西北水利是「役重而民擾、勢逆而功難」、任重而道遠之事。果眞在開發水利漸入軌道時，貞名疏言此一墾田使職事完成，省漕運一半。畿輔士紳聞聲後大爲驚恐，認爲此役一成將加賦稅於吾鄉，遂以北直隸王之棟等代表北方人士，以「故有桑梓地巨害之疏」上疏罷西北水利事。對北方士大夫憂心將來若朝廷北方水利完成開發，必定增加賦稅，因而對西北水利開發之事恨入心髓，牢不可破。〔註91〕

二、南人倡言

（一）元代

虞集字伯生，南宋丞相虞允文五世孫，臨川（今江西縣）崇仁人，〔註92〕任翰林直學士兼國子祭酒時，嘗論京師依賴東南人力海運運糧，方得充足，

〔註87〕 明・申時行，《賜閒堂集》（《四庫全書存目叢書》集部 134，臺南：莊嚴文化事業有限公司，1997 年 6 月初版 1 刷，據北京圖書館藏明萬曆刻本），卷 40，〈雜紀〉，頁 12 下～13 下。

〔註88〕 清・張廷玉等，《明史》，卷 77，〈志第五十三〉，頁 1886、1888～1889。

〔註89〕 明・吳亮輯，《萬曆疏鈔》，卷 48，徐貞明〈亟修水利以預儲蓄酌議軍班以停勾補疏〉，頁 3 上下。

〔註90〕 鄭克晟，《明代政爭探源》（天津：天津古籍出版社，1988 年 12 月第 1 版第 1 刷），頁 97。

〔註91〕 明・沈德符，《萬曆野獲編》，卷 12，〈戶部〉，頁 321。

〔註92〕 明・宋濂等，《元史》，卷 181，〈列傳第六十八〉，頁 4174。

這種做法並非因地利寬遠人，應於京東之地，用浙江人的方法，築堤捍水爲田，開發農田水利，以舒緩東南百姓海運之苦，也能讓江海游食盜賊回歸所農耕間。〔註93〕

（二）明代

丘濬，字仲深，瓊山府（今海南省境內）人。有感於南宋眞德秀《大學衍義》治國平天下條目未具，乃博採群書加以補充，於明弘治四年（1491）書成，名爲《大學衍義補》，明孝宗特加丘濬太子太保，後兼文淵閣大學士參預機務。濬以《大學衍義補》中所記載皆可見之行事，摘其重要者上奏皇帝。〔註94〕其中《明經世文編》所收錄《丘文莊公集·疏議·屯營之田》中言及：「臣按虞集此策，在當時不曾行，及其末世也，海運不至而國用不給。謀國者思集之言，……依此法行之，則沿海數千里無非良田，非獨民資其食而官亦賴其用，如此則國家坐享富盛，遠近皆有所資矣！」〔註95〕與《大學衍義補》卷35中〈治國平天下之要·制國用·屯營之田〉幾乎相同，同爲討論京東等地疏溝渠發展水利紓東南民力運糧。〔註96〕

周用，字行之，吳江（即今江蘇，上海之吳淞江）人，爲人高風亮節，明嘉靖時上疏〈理河事宜疏〉，建議朝廷集人力在西北等地，以溝洫法治河墾田事宜。官曾至吏部左、右侍郎，後乞休致仕，中外皆惜之。〔註97〕

貞明，江西貴溪（今江西縣）人（參閱圖4-2：〈明代江西地區示意圖〉），萬曆三年藉由主客對談形式著《潞水客談》一書，主張開發西北水利以紓解東南漕運四百萬石的人力、物力問題前一章言及江南重賦有諸多原因，其中之一爲「怒民附寇說」，認爲江南賦稅重是因明太祖怒蘇、松地區百姓幫張士誠。貞明的故鄉江西廣信府，明代建立前爲陳友諒勢力範圍：

> 湖廣興國州，南接江西瑞昌縣，陳友諒襲其地，改爲路，封子陳三將軍守之。國初（明代初年）平漢（陳友諒自稱漢王）。〔註98〕

〔註93〕清·朱軾，《史傳三編》（《文淵閣四庫書》史部217，臺北：臺灣商務印書館，民國73年7月第1版），卷48，〈名臣續傳五〉，頁37。

〔註94〕清·張廷玉等，《明史》，卷181，〈列傳第六十九〉，頁4808～4809。

〔註95〕明·陳子龍編，《明經世文編》，卷72，丘濬〈屯營之田〉，頁7上～8下。

〔註96〕明·丘濬，《大學衍義補》，卷35，〈治國平天下之要〉，頁17上～19上。

〔註97〕清·張廷玉等，《明史》，卷202，〈列傳第九十〉，頁5330～5331。

〔註98〕明·朱國楨，《湧幢小品》（《筆記小說大觀正編》，臺北：新興書局，民國62年4月版，據文明刊歷代善本），卷32，頁1上。

陳友諒於元代至正二十三年（1363）中箭身亡後，殘餘勢力逐漸爲朱元璋所剿滅。和江南地區一樣，陳友諒江西地區爲朱元璋攻下後，同樣也有重賦問題的存在。洪武四年（1371）五月，就曾下詔免江西秋糧：

> 朕起布衣，深知民間疾苦。及親率六師，南征北伐，……方今天下
> 一統，東戍遼海，南鎮諸番，西控戎夷，北屯沙漠，朕以中國精銳
> 駐守遐荒，豈但風俗之殊，亦有寒暑之異，艱難萬狀，朕不忍言。
> 然欲鎮安吾民，必資守邊之力，其於科徵轉運，未免勞民，理勢相
> 須，蓋不得已。念爾江西之民未歸附時，豪強（陳友諒）割據，狼
> 驅蠶食，貲財空匱。及歸附之後，供億更繁，今已九年，其爲困苦，
> 朕甚愍焉。今年秋糧盡行蠲免，以濟民艱。於戲！四海蒼生，皆吾
> 赤子，愛念之意，……咨爾人民，其體朕懷。〔註99〕

明太祖統一中國後，各地風俗各異，但爲資守邊疆，科徵均爲勞民，實爲不得已之事，江西因九年來，「供億更繁」，洪武四年特別蠲免秋糧。

　　明弘治以來，江西地區賦役逐漸繁重，土著少壯多不願務農，外出四方營生。〔註100〕明武宗正德時（1505～1521），江西重賦問題仍未獲得改善，袁州府（轄境相當今江西宜春、萍鄉二市等地）在元末歐祥內附後，將三升鄉斗誤作十升官斗造報明太祖，造成袁州府比鄰近各府縣糧稅額較重二倍。〔註101〕明神宗萬曆時（1572～1620），南昌府流傳：「賦重役繁，富者貧，貧者至無以爲生。大家多忍饑寒以支持禮義，細民終歲不知鹽肉之味」。〔註102〕清順治四年（1646），江西巡按吳贊元奏上揭帖，希冀江西與他郡的稅賦能夠均宜：

> 竊照江西一省，於天下爲至貧，而南（昌）、瑞（州）、袁（州）三
> 府，於江右爲尤苦，何者？以土瘠而糧重也。蓋他郡額課輕重，尚
> 適其平，惟此三府，以元末陳友諒割據倍增，明朝因循未經釐正，
> 如所稱僞將歐祥以三升鄉斗誤作十升官斗造報，及瑞州府元志載糧
> 給貳萬伍千餘，明冊則貳拾貳萬肆千零矣。甚且水推沙塞，賠累虛

〔註99〕 明·李景隆等，《明太祖實錄》，卷65，洪武四年五月乙卯條，頁1上。
〔註100〕明·陳子龍編，《明經世文編》，卷182，桂萼〈江西圖序〉，頁9下。
〔註101〕明·嚴嵩原修，季德甫增修，《袁州府志》（臺北：成文出版社，民國78年3月臺1版，據明嘉靖四十年刊本），卷5，〈賦稅〉，頁6下～7上。
〔註102〕明·范淶修，章潢纂，《南昌府志》（臺北：成文出版社，民國78年3月臺1版，據明萬曆十六年刊本），卷3，〈輿地志〉，頁28下。

糧，逋欠難完，敲朴取足，官民交困。〔註103〕

從這條史料可看出，江西土瘠而糧重，尤以南昌、瑞州、袁州三府（見圖4-2）元末陳友諒割據時已倍增，明代建立後因循而未釐正以致糧稅積重。

明太祖剿滅陳友諒勢力後，卻是「供億更繁」，在洪武四年秋糧遂盡行蠲免。至明武宗、神宗時糧稅仍重。明太祖明知江西賦重，卻不願釐正改革，僅在洪武四年蠲免秋糧，以示愛民，心意叵測。

江西地區的人口，明孝宗時丘濬言：「江右之地，田少而人多；江右之人，大半僑寓於荊湖，蓋江右之地力，所出不足以給，其人必資荊湖之粟以爲養也。」〔註104〕張瀚《松窗夢語》也敘述當時江西人口地理等情況：

> 江西三面距山，背沿江、漢，實爲、楚、閩、越之交，古南昌爲都
> 會。地產窄而生齒繁，人無積聚，質儉勤苦而多貧，多設智巧，挾
> 技藝以經營四方，至老死不歸，故其人內嗇而外侈。地饒竹箭金漆
> 銅錫，然僅僅物之所有，取之，不足更費。……民多仰機利而食，
> 俗雜好事，多賈治生，不待危身取給。若歲時無豐食飲，被服不足
> 自通，雖貴官巨室，閭里恥之，故其民賤嗇而貴侈。〔註105〕

江西地狹人稠，雖勤儉但生活貧，人口大多移民外地或從商治生，否則無法維生，百姓百技亦精巧：

> 江（西）、浙（江）、閩三處，人稠地狹，總之不足以當中原之一省，
> 故身不有技則口不餬，足不出外則技不售。惟江右（指江西）尤甚，
> 而其士商工賈，譚天懸河，又人人辯足以濟之。又其出也，能不事
> 子母本，徒張空拳以籠百務，虛往實歸，如堪輿、星相、醫卜、輪
> 輿、梓匠之類，非有鹽商、木客、筐絲、聚寶之業也。……所不外
> 游而安家食、俗淳樸而易治者，獨廣信（府）耳。江右俗力本務嗇，
> 其性習勤儉而安簡樸，蓋爲齒繁土瘠，其人皆有愁苦之思焉。又其
> 俗積蓄，技業人歸，計妻孥幾口之家，歲用穀粟幾多，解中裝糴入
> 之，必取足費，家無囷廩，則床頭瓶罌無非菽粟者，餘則以治縫浣、

〔註103〕中央研究院歷史語言研究所編，《明清史料》（臺北：中央研究院歷史語言研究所，民國88年9月景印2版），己編第1本，吳贊元〈江西巡按吳贊元揭帖〉，頁26上。

〔註104〕明・陳子龍編，《明經世文編》，卷72，丘濬〈江右民遷荊湖議〉，頁8下～9上。

〔註105〕明・張瀚，《松窗夢語》，卷4，〈商賈紀〉，頁84。

了徵輸，絕不作鮮衣怒馬、燕宴戲劇之用。……江右素稱治安之區。
正德六年，諸郡縣盜賊蜂起，贛州、南安有華林寨、碼寨賊，其後，
撫州有東鄉賊，饒州有桃源洞賊。其始，行劫村落，官府捕之急，
遂竄匿山谷，據險立寨。〔註106〕

江西當時地貧人狹，唯有貞明家鄉廣信府，不用外出營生，尚可安家食。但
到明武宗正德六年（1511）時，江西已是「諸郡縣盜賊蜂起」之境。貞明在《潞
水客談》中，提到「東南生齒日繁，每人浮於地」，而開發西北水利正可招「募
南人緣水墾田」。徐貞明發展西北水利是為國家生計著想，以省卻東南的漕
運。若以江西人的立場出發，似乎有為東南故鄉舒緩稅賦的壓力，一方面招
募南方人，讓故鄉減少人口壓力；一方面南方人如申時行等人所言，北方勢
力之家懼怕西北水利開發完成，如同南方一樣增加課稅，而這樣就可以增多
北方納賦之家，平均南方的稅收。但事與願違，明太祖獎勵墾荒，調整土地
與人口分布，力求「力業相稱」的政策，至此結果恰得其反，〔註107〕而國家
的利益，社會的發展，在這樣南北官員的政爭下，已屬次要地位。〔註108〕

〔註106〕明・王士性，《廣志繹》，卷4，〈江南諸省〉，頁80～81。
〔註107〕李劍農，《中國古代經濟史稿》（武漢：武漢大學出版社，2006年10月第1
　　　　版第1刷），頁753。
〔註108〕張顯清、林金樹主編，《明代政治史》，頁789。

圖4-2：明代江西地區示意圖

資料來源：根據中央研究院，《中國歷史文化地圖集系統》第一版，（臺北，2002年9月）資料繪製。

第三節　議題迴響

　　徐貞明《潞水客談》成書後，受到後世極大的迴響。《豫乘識小錄》作者朱雲錦，在道光元年（1820）中秋後一日，於《潞水客談》書後撰有一文，認爲談畿輔水利者，漢、唐兩代不論，自宋代何承矩開始，以修溝洫墾田以限戎馬，至元代虞集、明代左光斗等人皆曾建議發展畿輔水利，而以徐孺卿（徐貞明）《潞水客談》最爲「詳核切實」。清雍正時（1722～1735），曾修畿輔水利，設立京東、京西、京東南、京西南四局，由怡賢親王（愛新覺羅允祥，1686～1730）總其事。〔註109〕時翰林學士陳子翽（陳儀），以本職爲營田觀察使，經理三年得田七千餘頃，所著《直隸河渠志》等，與徐貞明互相發明者頗多。爲此朱雲錦亦想考訂畿輔水利，撰寫成一書，能與陳子翽《直隸河渠志》並藏。〔註110〕

　　清咸豐元年（1851），在重刊《潞水客談》一書時，南海（今廣東省南海市）紳士伍崇曜特爲之寫跋，盛贊貞明「終明代良策，無有逾此（《潞水客談》）者。至乾隆九年（1744），柴潮生侍御敬陳〈水利救荒疏〉，云前明徐貞明行之而立敗，夫貞明未嘗敗也，特撓於浮議耳」。〔註111〕伍崇曜強調貞明並未眞正的失敗，所敗者乃在於浮議的阻撓。

一、張瀚

　　萬曆十四年（1586）三月，貞明興修水利事業因土之棟等人反對下，明神宗以「拂民情」爲由，遭罷監察御史領墾田使一職，而恢復其原職尚寶司卿。〔註112〕雖貞明人去政息，但其《潞水客談》與實踐的結果，卻引起不少人的迴響。曾與貞明同朝爲官，浙江仁和（今杭州市）人，官至吏部尚書張

〔註109〕有關怡賢親王發展北直隸農田水利事，請詳參：清‧鄂爾泰等，《清世宗實錄》，（北京：中華書局，1985年10月第1版第1刷），卷41，雍正四年二月甲戌條，頁10下～12上；卷53，雍正五年二月甲子條，頁12下～13下。趙爾巽等撰，《清史稿》，（北京：中華書局，1977年12月第1版第1刷），卷129，〈志一百四〉，頁3825。另怡賢親王開發北直隸奏疏請詳參：清‧吳邦慶，《畿輔河道水利叢書》（一）（收入沈雲龍主編《中國水利要籍叢書》（第三集），臺北：文海出版社，民國59年4月初版），〈怡賢親王疏鈔〉，頁1下～9下。
〔註110〕清‧朱雲錦，〈潞水客談‧書後〉（收入《潞水客談》一書），頁17。
〔註111〕清‧伍崇曜，〈潞水客談‧跋〉（收入《潞水客談》一書），頁19。另有關清代柴潮生發展北方水利可參閱：趙爾巽等撰，《清史稿》，卷129，〈志一百四〉，頁3828～3829；卷306，〈列傳九十三〉，頁10535～10539。
〔註112〕明‧不著撰人，《明神宗實錄》，卷172，萬曆十四年三月丙辰條，頁17上。

瀚，晚年於其著作《松窗夢語》感嘆：國家財賦盡依賴東南漕運等，而西北所能自給者，竟然不足東南所轉輸的一半；而西北荒蕪的田地，卻不止東南沃土的十倍，上諫皇帝，明神宗卻以「大功難就，無庸多事」爲理由，否定貞明開墾西北水利的功勳。殊不知西北自古以來即爲沃土，而現今卻棄爲曠土，並非地域不同，乃因水利未興，若水利得以開發，則荒蕪之地可成爲可耕之田，如此則可舒緩東南輸輓，百萬的漕糧也可漸省，是有利於國家的長遠之計。況且農田水利開發，亦有遏阻北方騎射民族的長驅直入。〔註113〕

　　張瀚對於上諫皇帝罷西北水利事，頗多怨言，捨棄的西北沃土不開發，卻依賴長途遠來的漕運轉輸，有「捨玉求瓦」之嘆。他進一步提出若要成功開發西北水利須「司一省者總理其概，司一道者經畫其詳，郡守統領其事，有司分任其勞，必郡、邑長興郡、邑之利，撫、按、司、道興一道一省之利，方爲超遷，其不克任事者，輒爲更調」。〔註114〕而農田水利開發之後，緊接而來的就是田賦的問題。張瀚認爲「若非均其田賦，何以蘇民困？」應於「各縣丈量而均一之。如北方土曠收薄之處，及南方邊江沙磧、山岡易旱之鄉，則宜倣古人上田一夫百畝、中田二百畝、下田三百畝之意，而量寬其畝，如此田制庶乎可興也」。〔註115〕殷鑒不遠，張瀚有鑒於貞明失敗，其中一因是北方貴勢之家，懼西北水利一旦完成開發，會仿照東南課稅，而倡言罷西北水利不可行。乃提出丈量土地等地課稅，均田賦的想法，至於可不可行？張瀚本身亦懷疑地說：「庶乎可興！」

二、王士性

　　王士性（1547～1598），浙江臨海（浙江今縣）人，著有《廣志繹》等書，他從地理的角度出發，道出貞明忽略之處：

　　　　江南泥土，江北沙土，南土濕，北土燥，南宜稻，北宜黍、粟、麥、菽，天造地設，開闢已然，不可強也。徐尚璽貞明《潞水客談》欲興京甸爲水田，彼見玉田、豐潤間間有一二處水田者，遂概其大勢，不知此乃源頭水際，民已自稻之，何待開也。即如京師西湖畔豈無水田，彼種稻更自香馥，他處豈盡然乎？余初見而疑之，猶以此書生閒談耳，不意後乃徑任而行之。無水之處，強民浚爲塘堰，民一

〔註113〕明・張瀚，《松窗夢語》，卷4，〈三農紀〉，頁74。
〔註114〕明・張瀚，《松窗夢語》，卷4，〈三農紀〉，頁75。
〔註115〕明・張瀚，《松窗夢語》，卷4，〈三農紀〉，頁75。

故費數十畝之工矣，及塘成而沙土不瀦水，雨過則溢，止則涸。北人習懶，不任督責，幾鼓眾成亂，幸被參而其事中止也。〔註116〕

王士性強調地理環境的不同，如「江南泥土，江北沙土，南土濕，北土燥，南宜稻，北宜黍、粟、麥、菽」本是天造地設，且西北之地，早已有水田，何須再開。北方人習性疏懶，若強而行之恐成亂源。南北人習性不同，不可強而為之，似乎可以將南方人開發的技術，發展於北方。但土質方面，「江南泥土，江北沙土」這也是貞明忽略處，雖鹽滷地可改為水田，但沙土又有何辦法變成為可耕之田？仍難逃「書生閒談」的譏評。

三、馮應京

馮應京（1555～1606），盱眙（今江蘇省境內）人，以「學求有用，不事空言」著稱。〔註117〕對於國家定都北京，依賴漕運亦頗為憂心：

> 國家奠鼎燕京，即勝國之故都。……本朝海運既廢，軍國大命，獨倚重於漕儲。頃復黃淮梗塞，轉運艱阻。且倉庾無二年之蓄，水旱有不時之憂，而三輔顧多曠土，海壖率成沮洳，在在可耕可鑿。……給事中徐貞明念西北水利事，裹糧從二三屬吏解事者經度之，信其必可行。……疏上，竟沮浮議不果行。〔註118〕

馮應京提出應專任官員，委以專任，不可因欲快速完成而改弦易張，勿因小利而阻撓之，這樣才能夠達到「均口治水、儲粟賑災」的國家均衡經濟。〔註119〕雖說貞明敗於阻議，不過也因發展西北水利後，達至南北均田，均田後北方就須同南方課稅，此乃阻議導火線。

四、左光斗

左光斗（1575～1625），桐城（今安徽省樅陽鎮）人，曾官至中書舍人。職巡按直隸御史出理屯田事務時，曾言：「北人不知水利，一年而地荒，二年而民徙，三年而地與民盡矣。今欲使旱不為災，澇不為害，惟有興水利一法。」〔註120〕況且今日邊疆兵餉告急，漕運運糧已告竭，加上乾旱災等種種難以意料之事，唯有發展北方農田水利才能救急。故於萬曆四十七年（1619），上〈足

〔註116〕明・王士性，《廣志繹》，卷2，〈兩都〉，頁19。
〔註117〕清・張廷玉等，《明史》，卷237，〈列傳第一百二十五〉，頁6174、6176。
〔註118〕明・徐光啟著；石聲漢校注，《農政全書校注》，卷3，〈農本〉，頁73～74。
〔註119〕明・徐光啟著；石聲漢校注，《農政全書校注》，卷3，〈農本〉，頁75～80。
〔註120〕清・張廷玉等，《明史》，卷132，〈列傳第一百三十二〉，頁6329。

餉無過屯田疏〉：〔註121〕

> 臣幼聞父老言，東南有可耕之人，而無其田；西北有可耕之田，而
> 無其人。……間有隱占，多不可問，然亦不必問也，惟是西北不患
> 無地，而患不能墾。……其不墾者，苦旱兼苦潦也。其苦旱與潦者，
> 惟知聽命於天，而不知有水利也。一年而地荒，二年而民徙，三年
> 而民與地盡矣！……南人惜水如惜血，北人畏水如探湯，習固使然，
> 亦未見其利耳。……聽其物宜，宜梁、宜菽、宜薏、宜芋、宜蔬、
> 惟意所適。總之，水源一開，灌旱地之利勝水田之利一倍。……池
> 塘之當議也，以一教十，以十教百，必用南人。而南人寧爲農夫，
> 不欲爲農師。……國家無事，既以因循而不行，有事又以張皇而不
> 及行。農既疲於養兵而不耕，兵又恥於爲農而不耕，謂見效遲在三
> 年之後，而三年後復然。……元末年，東南有梗，始思虞文靖之言，
> 倣其意設海口萬戶，業已無及，乞張士誠貸米數百斛，反覆告急，
> 僅乃得之，而終無救於亡矣，可不寒心？先臣徐貞明曾以尚寶專理
> 此役，而事出創議，難與慮始，且欲以一身兼禹、稷之任，大開河
> 工，復井田之遺，省東南之運，語近迂濶，會忌者而止，乃其意不
> 可磨也。今《潞水客談》及治田存稿具在，任事之難，令人追憾無
> 已。今時勢迫矣，過此不行，更無行時。〔註122〕

左光斗講到，長久以來北方百姓積習成性，只知「苦旱與潦」而「聽命於天，
而不知有水利」。或許田地有所隱占，但根本無妨於農田水利的開發，只是國
家狃於常習既久，「無事既以因循，而不行有事，又以張皇而不及行農，既疲
於養兵而不耕；兵又恥於爲農，而不耕」，因循且過，如何能行之。種植亦須
辨別穀粟的習性，方種植之。貞明專任開發西北水利提出溝洫制與井田制，「欲
以一身兼禹稷之任，大開河工，復井田之遺」，可曰爲「迂濶」論談。另外，
貞明欲募南方人往北方開墾，要北方人以南方開墾者爲師這點，左光斗認爲
南方人來到北方是爲開墾，並非成爲農師，而是本身即爲開墾者。且東北女
眞族已崛起，迫於形勢若再不行西北水利事，將來亦無實行的機會。可見左
光斗是較爲務實的，不論理論的好壞，最終仍要回歸到實際。

〔註121〕清・孫承澤，《春明夢餘錄》，卷36，〈戶部〉，頁24。
〔註122〕清・吳邦慶，《畿輔河道水利叢書》（二），〈畿輔水利輯覽〉，頁20下～27
　　　　上。

明天啓初年，左光斗任盧觀象爲管理屯田水利通判，在北直隸地區發展農田水利事業。〔註123〕不久，「水利大興，北人始知藝稻。吏部左侍郎鄒元標曰：『三十年前，都人不知稻草何物，今所在皆稻，種水田利也。』」〔註124〕

五、徐光啓

徐光啓（1562～1633），南直隸松江府上海縣人，〔註125〕生於財賦之地，「少小游學，經行萬里，隨事咨詢，頗有本末，若力作，人能相憑信，無論豐凶必或補于生計耳。」〔註126〕天啓初年，曾到天津等地做大規模的農業試驗，取得許多農業經驗，這也是他後來能夠在許多農業問題上，提出創見的重要原因。〔註127〕著有《農政全書》一書，共六十卷，〔註128〕但徐光啓沒有來的及定稿，於崇禎六年（1637）十月，死於太子太保兼文淵閣大學士任內，〔註129〕其書最後由陳子龍等人增刪後定稿。其書中，徐光啓就曾提到：「水利者，農之本也，無水利則無田矣。水利莫急於西北，以其久廢也；西北莫先於經東，以其事易興而近於郊畿也。其議始於元虞集，而徐孺東先生《潞水客談》備矣。」〔註130〕崇禎三年六月，上疏〈欽奉明旨條畫屯田疏〉中，亦言：「京東水田之議，始於元之虞集，萬曆間尚寶卿徐貞明踵成之，……臣廣其說。」〔註131〕

徐光啓是否有踵繼貞明的構想，將〈亟修水利以預儲蓄酌議軍班以停勾補疏〉、《潞水客談》與《農政全書》比對，即可發現，《農政全書・西北水利》中言：「徐貞明〈請亟修水利以預儲蓄疏〉曰：『臣惟神京鞏據上游，以御六合，……清軍之政體一矣。』」〔註132〕與〈亟修水利以預儲蓄酌議軍班以停勾補疏〉中內容幾乎完全一樣，惟《農政全書》載〈請亟修水利以預儲

〔註123〕明・溫體仁等，《明熹宗實錄》（京都：中文出版社，1984年5月，據中央研究院歷史語言研究所民國51年刊本縮印），卷7，天啓元年閏七月辛卯條，頁11下。

〔註124〕清・張廷玉等，《明史》，卷132，〈列傳第一百三十二〉，頁6329。

〔註125〕清・張廷玉等，《明史》，卷132，〈列傳第二百五十一〉，頁6493。

〔註126〕明・徐光啓著，石聲漢校注，《農政全書校注》，卷38，頁1066。

〔註127〕明・徐光啓著，石聲漢校注，《農政全書校注・出版說明》，頁4。

〔註128〕清・張廷玉等，《明史》，卷98，〈志第七十四〉，頁2432。

〔註129〕清・張廷玉等，《明史》，卷98，〈志第七十四〉，頁6494。

〔註130〕明・徐光啓著、石聲漢校注，《農政全書校注・凡例》，頁2。

〔註131〕明・徐光啓，《徐光啓集》（臺北：明文書局，民國75年1月初版），卷5，〈屯田疏稿〉，頁225～226。

〔註132〕明・徐光啓著、石聲漢校注，《農政全書校注》，卷12，〈水利〉，頁286～290。

蓄疏〉與〈亟修水利以預儲蓄酌議軍班以停勾補疏〉疏名不同。再看到《農政全書‧徐貞明西北水利議》與《潞水客談》比較，當可知，《農政全書‧徐貞明西北水利議》是擷取《潞水客談》精華而去其糟粕，最後加評語：「北方之可爲水田者少，可爲旱田者多。公（徐貞明）祇言水田耳，而不言旱田。不知北人之未解種旱田也。」〔註133〕徐光啓一語道破，畢竟徐貞明發展西北水利事，是從京東逐漸推廣至整個西北地區，而非僅侷限於京東地區的水田而已。

六、沈德符

沈德符（1578～1642），浙江嘉興人，對貞明上疏一事，於《萬曆野獲編》提出其感想：

> 余觀徐疏，或給牛于貧民、或責成于富室，俱室礙未妥。惟選健卒分屯，及招南人占籍二說可用。……下令江浙之人，能開田若干，即畀以勇爵，多者遞與加級，得世有其田。不願者俟其功大著，子孫得讀書，附入黌序，定額每邑若干人以待試，但嚴限其額，不得濫收。……久之土著惰民，見磽确化爲良田，亦見獵而喜，不待勸誘，爭占爲己業矣。至于起科歲月之稍緩，履畝勾較之稍寬。是在當事者，臨事時變通之矣。〔註134〕

沈德符對於貞明給「牛于貧民、或責成于富室」及「選健卒分屯，招南人占籍」之議可用，且願來開發者，子孫經測試後，亦可入學校讀書，這點爲貞明所未言及者。而沈德符最終還提出：「當事者，臨事時變通之矣！」實是最爲重要也！

進士出身的徐貞明，於《潞水客談》一書提出開發西北水利方法與理論，初試啼聲錯誤難免，如王士性等人所言，忽略南北地理環境的不同，開水利時又不能尋水源，卻於京東平洋之地，上靠天時下靠人力，徒勞而無功，反而遭怨謗。〔註135〕徐光啓也道出徐貞明理論上的侷限性，畢竟理論與實際間還是有段差距。另外，如本章所言，在南北政爭上，貞明在明帝國這一龐大的文官利益集團裡辦事，當權的利益者不允許他做改革與發展，而耿直的貞明又不知從人事上妥協與交好，「在組織制度上沒有辦法，就在私人關係上找

〔註133〕明‧徐光啓著、石聲漢校注，《農政全書校注》，卷12，〈水利〉，頁290～308。
〔註134〕明‧沈德符，《萬曆野獲編》，卷12，〈戶部〉，頁320。
〔註135〕明‧朱國楨，《湧幢小品》，卷6，頁13下。

出路」，〔註 136〕讓皇帝知曉其改革做事是爲朱明社稷，方得以便宜行事。誠如沈德符所言，臨事者當通變，似乎也透露出貞明在人際關係上的失敗。

〔註 136〕黃仁宇，《萬曆十五年》（北京：生活・讀書・新知三聯書店，2005 年 9 月北京第 1 版第 21 刷），頁 201。

第五章　結　論

　　貞明爲人正直，任官克盡職責，頗有乃父徐九思遺風，在山陰縣政的治理上或海塘修復方面，均有貢獻，讓人民免於人禍與天災的威脅，可謂盡忠職守的父母官。進入諫垣工科給事中後，憂心國事，對於國家勾軍制度日漸敗壞，與東南百姓爲南糧北運勞民傷財等事，特上〈亟修水利以預儲蓄酌議軍班以停勾補疏〉以求改善，卻因得罪首輔張居正而遭貶官，遂著《潞水客談》以明志。

一、衛所制度的改革

　　明代衛所軍戶世襲制度，創立的背景是因元末明初適逢戰亂之後，爲保證軍隊人員的充足與地方的防衛，仿後漢末年曹魏等世兵制度而建立的。但明太祖忽略元末從軍者，有些只是於戰亂之際尋一棲身之所，並非眞正有意願從軍，軍戶世襲制度的鉗制，不但自己軍伍終身，其子孫又別無選擇只能終身行伍，加上南北互調，百姓不堪其擾。從明太祖洪武時（1368～1398），逃軍之事已紛至沓來，遂有勾軍制度的逐漸形成，然而太祖只是防止逃軍，卻又不從根本上去改革，讓逃軍問題持續惡化。再加上每年軍戶輪流番上與戍守邊疆的班軍，無疑是更大的負擔，也違反百姓安土重遷的生活習慣，遂有貞明等人提出改革。他認爲東南之民素稱柔脆，本不宜遠戍，應資召募班軍，既可免每年清勾軍之苦，軍戶又可免去遠戍與解送的辛勞。晚明時期（1573～1644）〔註1〕，如戚繼光等的抗倭戍邊也多招募軍隊。雖說貞明倡言改革仿

〔註 1〕 本文晚明時期採用樊樹志《晚明史（1573～1644）》一書說法。詳參：樊樹志，《晚明史（1573～1644）》，上海：復旦大學出版社，2003 年 10 月第 1 版第 1 刷。

匠班制度，欲改善勾軍初意雖佳，但衛所制度早已盤根錯節，改革非一朝一夕可成。明代初期未能修正，到晚明東北女眞民族逐步壓境，正逢用軍時刻，早已無暇再言改革積弊已深的衛所制度。另貞明欲仿匠班制度以改善勾軍等制度，但匠班制度亦逐漸腐敗，此爲貞明不察處。

二、發展水利的原因

　　姑且不論明成祖遷都北京是爲龍興之地等問題，遷都北京是將政治指揮中心直接安置於北方前線卻是不容爭論的事實。元代是北方蒙古民族所建立，定都北京一方面是北人入主中國，對於原來崛起之地仍有所眷顧；一方面要統馭中國南方，而北京有恆山、太行山等天險鞏固，又有漕運等南方糧食的資助，北京確實是定都的絕佳望置，且元代定都北京，雖說「蘇湖熟，天下足」，但元代本身就是北方尚武民族，不需依賴龐大的軍隊來維護北方的軍事安全，因而對於南方經濟的依賴不會像明代那麼嚴重，只是在元末時，因海運爲張士誠等割據勢力所據，乃有丞相脫脫等人在北直隸開墾農田以解糧食之需。明成祖定都北京，首先面臨的就是糧食問題，他將此一問題交給宋禮與陳瑄等人去處理，卻忘「修西北之農政，視江南不啻外府」是「嗷嗷然待哺萬里之外」〔註2〕。在北方九邊軍事體系逐漸形成，與官員、京軍等爲數龐大的人員，糧食的供應多依賴南方漕運，若此生命線一旦中斷，國家將置於何地？甚至有學者指出明成祖遷都北京後，爲使南漕北運的暢通，投注巨資和民力以保運，結果導致「國敝民疲」；〔註3〕亦有學者提出明亡於「邊政糧餉」〔註4〕。明代中晚期以後，「湖廣熟，天下足」可以說國家經濟重心已在南方，且是「天下信之」的地步，明代卻又是「一個內向和非競爭性的國家」〔註5〕，畏懼海上倭寇等勢力威脅，不能如《籌海圖編》作者鄭若曾（1503～1570）等人所言行海運爲便。在此趨勢下，大學士丘濬等人應時而出，上疏發展西北水利，而貞明在明代水利史上是倡言者，《潞水客談》提出治水理論是集大成者，雖爲時僅有八個月，卻是對後世造成極大影響。

〔註2〕 清・吳邦慶，《畿輔河道水利叢書》（一），〈《潞水客談》董刻序〉，頁36上。
〔註3〕 蔡泰彬，《明代漕河之整治與管理》，頁499。
〔註4〕 賴建誠，《邊鎮糧餉：明代中後期的邊防經費與國家財政危機，1531～1602》，頁311。
〔註5〕 黃仁宇，〈明朝：一個內向和非競爭性的國家〉（收入黃仁宇，《中國大歷史》，北京：生活・讀書・新知三聯書店，2006年1月第1版第20刷），頁177～194。

三、失敗原因的檢討

　　徐貞明發展西北水利主要失敗的原因，不論是當時人的評價或今人研究，多歸咎於北方權貴勢力的反對，貞明自己亦言：「招撫南人，使修水利，以耕西北之田，則民均田亦均；使田墾而民聚，民聚而賦增」〔註6〕。但實際上由《明實錄》等史料的查閱，滹沱河確實難治，王之棟〈請罷濬河疏〉並非憑空捏造，況且當時西北地區樹木多遭砍伐，已有塵暴「黃塵四塞」、「揚塵四塞」的情況出現。要治田先治河，要治河也要先做好水土保持的工作，因沒做好水土保持，以致河川泥沙淤積更加嚴重，因此才有潘季馴等人「束水攻沙」的出現，這是歷史的走向也是時代的產物。在氣候的問題上，整個北部地區屬於溫帶季風性氣候，雨量集中於夏季，冬季則為乾季，如徐光啓所言，在發展水田的同時，也應注意到旱田的開發。另外，貞明亦難脫讀書人迂闊氣習，竟認為西北水利開發後，可仿古代行井田之制或限制私人佔有土地，〔註7〕殊不知王莽（45B.C～23）新政中的井田制正是導致王莽覆滅的原因之一。

　　明代除江南重賦外，江西、陝西同樣有重賦的問題，而這些地方是元末割據勢力張士誠、陳友諒、李思齊等所據，雖終為明太祖所討滅，但卻成為了明代重賦之地。貞明是江西人，其發展西北水利，又何嘗不是代表南方人的呼聲？明代政治尤其是到中晚期後，政爭的問題更加明顯化，似乎宣告著任何一項政策的推行，要有朝中掌權者首肯方得推行，就算權相張居正亦要結司禮監太監馮保為內援方得推行。貞明上〈亟修水利以預儲蓄酌議軍班以停勾補疏〉時，張居正亦表示贊同，但逢傅應禎事而遭罷。張居正死後，貞明開發西北水利之議，才又受到內閣大學士申時行等人的認同，皇帝授開墾西北水利，但終究不敵貴勢在朝中的影響力，行之八個月的開發案，在明神宗以「拂民情」為由，宣告貞明西北水利事業的終結，由此看出明代皇權高於《大明律》之上，更是群臣政爭的最終仲裁者。

〔註6〕　明・徐貞明，《潞水客談》，頁2～3。
〔註7〕　明・徐貞明，《潞水客談》，頁4。

參考文獻

一、史料

（一）一般史料

1. 周・孫武撰、漢・曹操等注，《十一家注孫子校理》，3 卷，北京：中華書局，1999 年 3 月第 1 版第 1 刷。

2. 漢・司馬遷，《史記》，130 卷，臺北：鼎文書局，民國 68 年 2 月 2 版。

3. 漢・班固，《漢書》，100 卷，北京：中華書局，1964 年 11 月第 1 版第 1 刷。

4. 漢・趙曄，《吳越春秋》，10 卷，臺北：臺灣商務印書館，民國 64 年 6 月臺三版，據上海商務印書館縮印弘治鄺璠刻本。

5. 晉・常璩，《華陽國志》，《叢書集成初編》，3 冊，北京：中華書局，1985 年北京新 1 版，據宋本重刊。

6. 晉・陳壽，《三國志》，65 卷，香港：中華書局，1971 年版。

7. 宋・范曄；唐・李賢等注，《後漢書》，90 卷、志 30，北京：中華書局，1973 年 3 月第 1 版第 2 刷。

8. 梁・沈約等，《宋書》，100 卷，北京：中華書局，1996 年 4 月第 1 版第 6 刷。

9. 梁・蕭統編；唐・李善注，《文選》，60 卷，北京：中華書局，1997 年 11 月第 1 版第 1 刷。

10. 唐・房玄齡等，《晉書》，130 卷，北京：中華書局，1998 年 3 月第 7 刷。

11. 唐・陸贄，《翰苑集》，22 卷、目錄 1 卷，《文淵閣四庫全書》集部 11，臺北：臺灣商務印書館，民國 74 年 9 月初版。

12. 唐・魏徵等，《隋書》，85 卷，臺北：鼎文書局，民國 68 年 2 月第 2 版。

13. 後晉・劉昫等,《舊唐書》,200 卷,臺北:鼎文書局,民國 68 年 2 月 2 版。

14. 宋・王欽若、楊億等奉敕編,《冊府元龜》,1000 卷,臺北:臺灣中華書局,民國 70 年 8 月臺 3 版。

15. 宋・孔延之編,《會稽掇英總集》,20 卷,《文淵閣四庫全書》集部 284,臺北:臺灣商務印書館,民國 74 年 12 月初版。

16. 宋・沈括,《夢溪筆談》,《叢書集成初編》,2 冊,北京:中華書局,1985 年北京新 1 版,據稗海本蓋津逮本校刻排印。

17. 宋・范仲淹,《范文正公文集》,《叢書集成初編》,2 冊,北京:中華書局,1985 年北京新 1 版,據正誼堂全書本排印。

18. 宋・歐陽修等,《新唐書》,225 卷,臺北:鼎文書局,民國 68 年 2 月 2 版。

19. 宋・薛季宣撰,薛旦編,《浪語集》,35 卷,《文淵閣四庫全書》集部 98,臺北:臺灣商務印書館,民國 74 年 9 月初版。

20. 宋・蘇軾、孔凡禮點校,《蘇軾文集》,全 6 冊,北京:中華書局,1986 年第 1 版第 1 刷。

21. 元・郝經,《陵川集》,39 卷,《文淵閣四庫全書》集部 131,臺灣:臺灣商務印書館,民國 74 年 9 月初版。

22. 元・馬端臨,《文獻通考》,348 卷,《文淵閣四庫全書》史部 368～374,臺北:臺灣商務印書館,民國 73 年 3 月初版。

23. 元・脫脫等,《宋史》,496 卷,臺北:鼎文書局,民國 67 年 9 月初版。

24. 元・劉仁本,《海道漕運記》1 卷,《金聲玉振集》60 卷,臺北:中央研究院傅斯年圖書館藏線裝書。

25. 元・蘇天爵,《元名臣事略》,15 卷,《文淵閣四庫全書》史部 209,臺灣:臺灣商務印書館,民國 73 年 7 月初版。

26. 元・蘇天爵編,《國朝文類》,70 卷,《四部叢刊初編縮本》,臺北:臺灣商務印書館,民國 64 年 6 月臺 3 版,據上海商務印書館縮印元刊本。

27. 明・于慎行,《穀山筆麈》,18 卷,北京:中華書局,1997 年 11 月第 1 版第 2 刷。

28. 明・不著撰者,《居官必要爲政便覽》,2 卷,《官箴書集成》第 2 冊,合肥:黃山書社,1997 年 12 月第 1 版第 1 刷,據明崇禎金陵書坊唐氏刻官常政要本。

29. 明・不著撰人,《萬曆邸鈔》,學生出版社,臺北:古亭書屋發行,民國 57 年 9 月景印初版。

30. 明・王士性,《廣志繹》,5 卷,北京:中華書局,1997 年 11 月第 1 版第 2 刷。

31. 明・王世貞，《弇山堂別集》，100 卷，北京：中華書局，1985 年 12 月第 1 版第 1 刷。

32. 明・王世貞，《弇州四部稿》，174 卷、續稿 207 卷，《文淵閣四庫全書》集部 218～233，臺北：臺灣商務印書館，民國 74 年 6 月初版。

33. 明・王世貞，《嘉靖以來首輔傳》，8 卷，《文淵閣四庫全書》史部 210，臺北：臺灣商務印書館，民國 73 年 7 月初版，據明天啓崇禎年間刊本景印。

34. 明・王鏊，《震澤集》，36 卷，《文淵閣四庫全書》集部 195，臺北：臺灣商務印書館，民國 74 年 12 月初版。

35. 明・尹守衡，《明史竊》，105 卷，臺北：華世出版社，民國 67 年 4 月臺影印 1 版。

36. 明・石珤，《熊峰集》，10 卷，《文淵閣四庫全書》集部 198，臺北：臺灣商務印書館，民國 74 年 12 月初版。

37. 明・申時行，《賜閒堂集》，40 卷《四庫全書存目叢書》集部 134，臺南：莊嚴文化事業有限公司，1997 年 6 月初版 1 刷，據北京圖書館藏明萬曆刻本。

38. 明・丘濬，《大學衍義補》，160 卷、卷首 1 卷，《文淵閣四庫全書》子部 18～19，臺北：臺灣商務印書館，民國 74 年 2 月初版。

39. 明・朱健，《古今治平略》，33 卷，《續修四庫全書》756～757，上海：上海古籍出版社，2002 年 3 月第 1 版第 1 刷，據浙江圖書館館藏明崇禎鍾鋐刻本影印。

40. 明・朱國楨，《湧幢小品》，32 卷，《筆記小說大觀正編》，臺北：新興書局，民國 62 年 4 月版，據文明刊歷代善本。

41. 明・余永麟，《北牕瑣語》，《叢書集成初編》，1 冊，北京：中華書局，1985 年北京新 1 版，據硯雲甲乙編本影印。

42. 明・何孟春，《餘冬錄》，61 卷，臺北：中央研究院傅斯年圖書館藏古籍綫裝書，據清光緒二年北京坊刻本。

43. 明・何喬新，《椒邱文集》，34 卷、外集 1 卷，《文淵閣四庫全書》集部 188，臺北：臺灣商務印書館，民國 74 年 12 月初版。

44. 明・李之盛編，《皇明應諡名臣備考錄》，12 卷，臺北：明文書局，民國 80 年初版。

45. 明・李東陽撰、申時行修，《大明會典》，228 卷，臺北：新文豐出版股份有限公司，民國 65 年 7 月初版，據明萬曆十五年司禮監刊本景印。

46. 明・李昭祥，《龍江船廠志》，8 卷，《玄覽堂叢書》，臺北：正中書局，民國 74 年 12 月臺初版。

47. 明・李樂，《見聞雜紀》，9 卷、續 2 卷，《筆記小說大觀四十四編》八，

臺北：新興書局，民國 76 年 3 月版，據明萬曆辛丑刊本影印。

48. 明‧吳亮輯，《萬曆疏鈔》，50 卷，《四庫禁毀書叢刊》史部 58～60，北京：北京出版社，2000 年 1 月第 1 版第 1 刷，據山西大學圖書館藏明萬曆三十七年刻本。

49. 明‧沈德符，《萬曆野獲編》，30 卷、補遺 4 卷，北京：中華書局，2004年 4 月第 1 版第 4 刷。

50. 明‧宋濂等，《元史》，210 卷，臺北：鼎文書局，民國 68 年 3 月再版。

51. 明‧明太祖撰，姚士觀、沈鈇編校，《明太祖文集》，20 卷，《文淵閣四庫全書》集部 162，臺北：臺灣商務印書館，民國 74 年 12 月初版。

52. 明‧胡世寧，《胡端敏奏議》，10 卷，《文淵閣四庫全書》史部 186，臺北：臺灣商務印書館，民國 73 年 7 月初版。

53. 明‧范濂，《雲間據目抄》，5 卷，《筆記小說大觀二十二編》五，臺北：新興書局，民國 76 年 10 月版。

54. 明‧徐光啓，《徐光啓集》，12 卷，臺北：明文書局，民國 75 年 1 月初版。

55. 明‧徐光啓著、石聲漢校注，60 卷，《農政全書校注》，臺北：明文書局，民國 70 年 9 月初版。

56. 明‧徐貞明，《潞水客談》，《叢書集成初編》，1 冊，北京：中華書局，1985 年北京新 1 版，據粵雅堂叢書本排印。

57. 明‧徐紘編，《明名臣琬琰錄》，24 卷、續錄 22 卷，《文淵閣四庫全書》史部 211，臺北：臺灣商務印書館，民國 73 年 7 月初版。

58. 明‧徐溥等奉敕撰，李東陽等重修，《明會典》，180 卷，《文淵閣四庫全書》史部 375～376，臺北：臺灣商務印書館，民國 73 年 3 月初版。

59. 明‧耿定向，《先進遺風》，2 卷，臺北：明文書局，民國 80 年 1 月初版。

60. 明‧高拱，《高文襄公集》，44 卷，《四庫全書存目叢書》集部 108，臺南：莊嚴文化事業有限公司，1997 年 6 月初版 1 刷，據北京圖書館藏明萬曆刻本。

61. 明‧馬文升，《馬端肅奏議》，12 卷，《文淵閣四庫全書》史部 185，臺北：臺灣商務印書館，民國 73 年 7 月初版。

62. 明‧凌迪知，《萬姓統譜》，140 卷、目錄 1 卷、卷首 6 卷、附氏族博考 14 卷，《文淵閣四庫全書》子部 262～263，臺北：臺灣商務印書館，民國 74 年 6 月初版。

63. 明‧席書編次，朱家相增修，《漕船志》，8 卷，臺北：正中書局，民國 70 年 6 月臺初版。

64. 明‧陳子龍編，《明經世文編》，416 卷，北京：中華書局，1987 年 3 月第 1 版第 2 刷。

65. 明‧陳邦瞻，《元史紀事本末》，27 卷，北京：中華書局，1979 年 4 月第 1 版第 1 刷。

66. 明‧陳邦瞻編，《宋史紀事本末》，109 卷，北京：中華書局，1977 年 5 月第 1 版第 1 刷。

67. 明‧陸容，《菽園雜記》，15 卷，北京：中華書局，1997 年 12 月第 1 版第 2 刷。

68. 明‧章潢，《圖書編》，127 卷，《文淵閣四庫全書》子部 274～278，臺北：臺灣商務印書館，民國 74 年 6 月初版。

69. 明‧梁夢龍，《海運新考》，3 卷，《四庫全書存目叢書》史部 274，臺南：莊嚴文化事業有限公司，1996 年 8 月初版 1 刷，據遼寧省圖書館藏明萬曆刻本。

70. 明‧張元忭，《張陽和先生不二齋文選》，7 卷、附錄 1 卷，《四庫全書存目叢書》集部 154，臺南：莊嚴文化事業有限公司，1997 年 6 月初版 1 刷，據湖北省圖書館藏明萬曆張汝霖張汝懋刻本。

71. 明‧張居正，《張文忠公全集》，京都：株式會社中文出版社，1980 年 1 月，據清光緒朝刻本影印，895 頁。

72. 明‧張萱，《西園聞見錄》，107 卷，臺北：明文書局，民國 80 年 1 月初版。

73. 明‧張瀚，《松窗夢語》，8 卷，北京：中華書局，1997 年 11 月第 1 版第 2 刷。

74. 明‧焦竑編，《國朝獻徵錄》，119 卷，臺北：明文書局，民國 80 年 1 月初版。

75. 明‧黃佐，《翰林記》，《叢書集成初編》，3 冊，北京：中華書局，1985 年北京新 1 版，據嶺南遺書本。

76. 明‧黃訓編，《名臣經濟錄》，53 卷，《文淵閣四庫全書》史部 201～202，臺北：臺灣商務印書館，民國 73 年 7 月初版。

77. 明‧賀復徵編，《文章辨體彙選》，780 卷，《文淵閣四庫全書》集部 341～349，臺北：臺灣商務印書館，民國 75 年 3 月初版。

78. 明‧董其昌，《神廟留中奏疏彙要》，40 卷，《續修四庫全書》470～471，上海：上海古籍出版社，2002 年 3 月第 1 版第 1 刷，據北京大學圖書館館藏清抄本影印。

79. 明‧葉子奇，《草木子》，4 卷，北京：中華書局，1997 年 11 月第 1 版第 3 刷。

80. 明‧葉盛，《水東日記》，40 卷，北京：中華書局，1997 年 11 月第 1 版第 3 刷。

81. 明‧鄒元標，《願學集》，8 卷，《文淵閣四庫全書》集部 233，民國 74 年 12 月初版。

82. 明・楊士奇,《東里文集》,25 卷、《東里別集》,北京:中華書局,1998年 7 月第 1 版第 1 刷。

83. 明・楊士奇等奉敕編,《歷代名臣奏議》,350 卷,《文淵閣四庫全書》史部 191～200,臺北:臺灣商務印書館,民國 73 年 3 月初版。

84. 明・楊榮,《文敏集》,25 卷、附錄 1 卷,《文淵閣四庫全書》集部 179,臺北:臺灣商務印書館,民國 74 年 12 月。

85. 明・過庭訓纂集,《明分省人物考》,115 卷,臺北:明文書局,民國 80年 1 月初版。

86. 明・趙用賢,《松石齋集》,36 卷,《四庫禁燬書叢刊》集部 41,北京:北京出版社,2000 年 1 月第 1 版第 1 刷,據明萬曆刻本。

87. 明・趙南星,《趙忠毅公詩文集》,24 卷,《四庫禁燬書叢刊》集部 68,北京:北京出版社,2000 年 1 月第 1 版第 1 刷,據明崇禎十一年范景文等刻本北京大學圖書館藏。

88. 明・劉若愚,《明宮史》,《叢書集成初編》,1 冊,北京:中華書局,1991年北京第 1 版,據學津討原本排印。

89. 明・鄭明選,《鄭侯升集》,40 卷,《四庫禁燬書叢刊》集部 75,北京:北京出版社,2000 年 1 月第 1 版第 1 刷,據明萬曆三十一年鄭文震刻本。

90. 明・鄭曉,《今言》,4 卷,北京:中華書局,1997 年 11 月第 1 版第 2 刷。

91. 明・蔣廷璧,《璞山蔣公正訓》,1 卷,《官箴書集成》第 2 冊,合肥:黃山書社,1997 年 12 月第 1 版第 1 刷,據明崇禎金陵書坊唐氏刻官常政要本。

92. 明・謝肇淛,《五雜組》,16 卷,《四庫禁燬書叢刊》子部 37,北京:北京出版社,2000 年 1 月第 1 版第 1 刷,據明刻本北京大學圖書館藏。

93. 明・顧允成,《小辨齋偶存》,8 卷,《文淵閣四庫全書》集部 231,臺北:臺灣商務印書館,民國 74 年 12 月初版。

94. 明・顧起元,《客座贅語》,10 卷,北京:中華書局,1997 年 11 月第 1版第 1 刷。

95. 清・王鴻緒等,《明史稿列傳》,185 卷,臺北:明文書局,民國 80 年 1月初版。

96. 清・朱軾,《史傳三編》,56 卷,《文淵閣四庫書》史部 217,臺北:臺灣商務印書館,民國 73 年 7 月第 1 版。

97. 清・朱彝尊,《曝書亭集》,80 卷,《四部叢刊初編縮本》,臺北:臺灣商務印書館,民國 64 年 6 月臺三版,據上海商務印書館縮原刊本。

98. 清・朱彝尊撰,英廉等增補,《欽定日下舊聞考》,160 卷、附譯語總目 1卷,《文淵閣四庫全書》史部 255～256,臺北:臺灣商務印書館,民國 73 年 7 月初版。

99. 清·吳邦慶，《畿輔河道水利叢書》，收入沈雲龍主編《中國水利要籍叢書》第三集，臺北：文海出版社，民國 59 年 4 月初版。

100. 清·法式善，《陶廬雜錄》，6 卷，北京：中華書局，1997 年 12 月第 1 版第 3 刷。

101. 清·姚之駰，《元明事類鈔》，40 卷，《文淵閣四庫全書》子部 190，臺北：臺灣商務印書館，民國 74 年 6 月初版。

102. 清·俞森，《荒政叢書》，10 卷、附錄 2 卷，《文淵閣四庫全書》史部 421，臺北：臺灣商務印書館，民國 73 年 10 月初版。

103. 清·徐乾學，《資治通鑑後編》，184 卷，《文淵閣四庫全書》史部 100～103，臺灣：臺灣商務印書館，民國 73 年 3 月初版。

104. 清·徐乾學等，《徐本明史列傳》，93 卷，臺北：明文書局，民國 80 年初版。

105. 清·徐開任編輯，《明名臣言行錄》，95 卷，臺北：明文書局，民國 80 年 1 月初版。

106. 清·孫承澤，《天府廣紀》，44 卷，臺北：大立出版社，民國 69 年 11 月。

107. 清·孫承澤，《春明夢餘錄》，70 卷，臺北：大立出版社，民國 69 年 10 月。

108. 清·清高宗敕撰，《續文獻通考》，250 卷，臺北：新興書局，民國 52 年 10 月新 1 版，據清武英殿版影印。

109. 清·清聖祖御選；徐乾學等奉敕編注，《御選古文淵鑒》，64 卷，《文淵閣四庫全書》集部 356～357，臺灣：臺灣商務印書館，民國 75 年 3 月初版。

110. 清·陳夢雷編，《古今圖書集成》，10000 卷、目錄 32 卷，臺北：鼎文書局，民國 66 年 4 月初版。

111. 清·陳儀，《直隸河渠志》，1 卷，《文淵閣四庫全書》史部 337，臺北：臺灣商務印書館，民國 73 年 10 月。

112. 清·張廷玉等，《明史》，220 卷，臺北：鼎文書局，民國 87 年 8 月 9 版。

113. 清·張怡，《玉光劍氣集》，31 卷，北京：中華書局，2006 年 8 月第 1 版第 1 刷。

114. 清·乾隆四十六年奉敕編，《御選明臣奏議》，40 卷，《文淵閣四庫全書》史部 203，臺北：臺灣商務印書館，民國 73 年 7 月初版。

115. 清·黃宗羲編，《明文海》，480 卷，北京：中華書局，1987 年 2 月第 1 版第 1 次印刷。

116. 清·黃宗羲著；李廣柏注譯，李振興校閱，《新譯明夷待訪錄》，臺北：三民書局，民國 90 年 2 月第 1 版第 2 刷。

117. 清‧嵇璜、曹仁虎等奉敕撰,《欽定續通典》,卷 150,《文淵閣四庫全書》史部 397〜399,臺灣：臺灣商務印書館,民國 73 年 10 月初版。

118. 清‧鄂爾泰等,《清世宗實錄》,159 卷,北京：中華書局,1985 年 10 月第 1 版第 1 刷。

119. 清‧鄂爾泰、張廷玉等奉敕撰；董誥、戴衢亨等奉敕補,《欽定授時通考》,78 卷,《文淵閣四庫全書》子部 38,臺灣：臺灣商務印書館,民國 74 年 2 月初版。

120. 清‧傅維麟纂,《明書》,《叢書集成初編》,22 冊,北京：中華書局,1985 年北京新 1 版,據畿輔叢書本排印。

121. 清‧傅澤洪,《行水金鑑》,175 卷、首圖 1 卷,收入沈雲龍主編《中國水利要籍叢書》第一集,臺北：文海出版社,民國 58 年 5 月初版。

122. 清‧劉獻廷,《廣陽雜記》,5 卷,北京：中華書局,1997 年 12 月第 1 版第 3 刷。

123. 清‧談遷,《北游錄》,不分卷,北京：中華書局,1997 年第 1 版第 3 刷。

124. 清‧談遷,《國榷》,卷 104,北京：中華書局,1988 年第 1 版第 2 刷。

125. 清‧顧炎武,《天下郡國利病書》,33 冊,《四部叢刊廣編》,臺北：臺灣商務印書館,民國 70 年二月初版,據上海涵芳樓景印崑山圖書館藏稿本。

126. 清‧顧祖禹,《讀史方輿紀要》,130 卷,北京：中華書局,2005 年 3 月第 1 版第 1 刷。

127. 民國‧趙爾巽等撰,《清史稿》,529 卷,北京：中華書局,1977 年 12 月第 1 版第 1 刷。

128. 中央研究院歷史語言研究所編,《明清史料》,己編第 1 本,臺北：中央研究院歷史語言研究所,民國 88 年 9 月景印 2 版。

129. 佚名,《越絕書》,15 卷,《四部叢刊初編縮本》,臺北：臺灣商務印書館,民國 64 年 6 月臺三版,據上海商務印書館縮印弘治鄺璠刻本。

130. 陳橋驛,《水經注校釋》,杭州：杭州大學出版社,1999 年 4 月第 1 版第 1 刷,765 頁。

131. 楊家駱主編,《宋會要輯本》,16 冊,臺北：世界書局,民國 53 年 6 月初版。

（二）明實錄

1. 明‧不著撰人,《明神宗實錄》,596 卷,京都：中文出版社,1984 年 5 月,據中央研究院歷史語言研究所民國 51 年刊本縮印。

2. 明‧李景隆等,《明太祖實錄》,257 卷,京都：中文出版社,1984 年 5 月,據中央研究院歷史語言研究所民國 51 年刊本縮印。

3. 明‧張居正等,《明穆宗實錄》,70 卷,京都：中文出版社,1984 年 5 月,

據中央研究院歷史語言研究所民國 51 年刊本縮印。

4. 明・張居正等,《明世宗實錄》,566 卷,京都:中文出版社,1984 年 5 月,據中央研究院歷史語言研究所民國 51 年刊本縮印。

5. 明・陳文等,《明英宗實錄》,361 卷,京都:中文出版社,1984 年 5 月,據中央研究院歷史語言研究所民國 51 年刊本縮印。

6. 明・費宏等,《明武宗實錄》,197 卷,京都:中文出版社,1984 年 5 月,據中央研究院歷史語言研究所民國 51 年刊本縮印。

7. 明・楊士奇等,《明太宗實錄》,270 卷,京都:中文出版社,1984 年 5 月,據中央研究院歷史語言研究所民國 51 年刊本縮印。

8. 明・楊士奇等,《明宣宗實錄》,115 卷,京都:中文出版社,1984 年 5 月,據中央研究院歷史語言研究所民國 51 年刊本縮印。

9. 明・溫體仁等,《明熹宗實錄》,87 卷,京都:中文出版社,1984 年 5 月,據中央研究院歷史語言研究所民國 51 年刊本縮印。

10. 明・劉吉等,《明憲宗實錄》,293 卷,京都:中文出版社,1984 年 5 月,據中央研究院歷史語言研究所民國 51 年刊本縮印。

(三)方志

1. 宋・施宿等,《會稽志》,20 卷,《文淵閣四庫全書》史部 244,臺北:臺灣商務印書館,民國 73 年 7 月初版。

2. 明・王鏊,《姑蘇志》,60 卷,《文淵閣四庫全書》史部 251,臺北:臺灣商務印書館,民國 73 年 7 月初版。

3. 明・李培等修,黃洪憲等纂,《秀水縣志》,10 卷,臺北:成文出版社,民國 59 年八月臺 1 版,據民國 14 年鉛字重刻刊本。

4. 明・李賢等奉敕撰,《明一統志》,90 卷,《文淵閣四庫全書》史部 230～231,臺北:臺灣商務印書館,民國 73 年 7 月初版。

5. 明・吳傑修,吳棋纂,《弘治永平府志》,10 卷,《天一閣藏明代方志選刊續編》,上海:上海書店,1990 年,據明弘治刻本影印。

6. 明・吳履震,《五茸志逸》,5 卷,臺北:成文出版社,民國 72 年 3 月臺 1 版,據明・吳履震明代手抄本影印。

7. 明・范淶修,章潢纂,《南昌府志》,30 卷,臺北:成文出版社,民國 78 年 3 月臺 1 版,據明萬曆十六年刊本。

8. 明・曹學佺,《蜀中廣記》,108 卷,《文淵閣四庫全書》史部 349,臺灣:臺灣商務印書館,民國 73 年 10 月初版。

9. 明・翟耀修,石徑世纂,秦繼宗續纂,《(萬曆)饒陽縣志》,3 卷、續志 1 卷,北京:中華全國圖書館文獻縮微複製中心,2000 年 6 月。

10. 明・蔡懋昭修纂,《隆慶趙州志》,10 卷,《天一閣藏明代方志選刊》(二),

臺北：新文豐出版社，民國 74 年，據寧波天一閣藏明隆慶刻本景印。

11. 明·蕭良幹、張元忭等纂修，《紹興府志》，50 卷，《四庫全書存目叢書》史部 200～201，臺南：莊嚴文化事業有限公司，1996 年 8 月初版 1 刷，據北京師範大學圖書館藏明萬曆刻本。

12. 明·戴銑修，《（弘治）易州志》，20 卷，《天一閣藏明代方志選刊》（三），臺北：新文豐出版社，民國 74 年，據寧波天一閣藏明弘治刻本景印。

13. 明·嚴嵩原修，季德甫增修，《袁州府志》，20 卷、首 1 卷，臺北：成文出版社，民國 78 年 3 月臺 1 版，據明嘉靖四十年刊本。

14. 清·李文耀，《（乾隆）束鹿縣志》，12 卷、首 1 卷，臺北：成文出版社，民國 57 年 8 月臺 1 版，據民國 26 年鉛印本。

15. 清·李符清，《（嘉慶）束鹿縣志》，10 卷，臺北：成文出版社，民國 57 年臺 1 版，據民國 18 年鉛印本。

16. 清·李鴻章等纂修，《畿輔通志》，300 卷，臺北：華文書局，民國 57 年 12 月初版，據宣統二年北洋官報兼印刷局石印。

17. 清·宋如林等修，孫星衍等纂，《松江府志》，84 卷、首 1 卷，臺北：成文出版社，民國 59 年 5 月臺 1 版，據清嘉慶二十二年刊本。

18. 清·吳汝倫，《深州風土記》，臺北：臺灣學生書局，民國 57 年 6 月景印初版，據清光緒廿六年刊本景印本。

19. 清·和珅等奉敕撰，《欽定大清一統志》，424 卷，《文淵閣四庫全書》史部 232～241，臺北：臺灣商務印書館，民國 73 年 7 月初版。

20. 清·和珅等奉敕撰，《欽定熱河志》，120 卷、《文淵閣四庫全書》史部 253～254，臺北：臺灣商務印書館，民國 73 年 7 月初版。

21. 清·宗源瀚等修，周學濬等纂，《湖州府志》，96 卷、首 1 卷，臺北：成文出版社，民國 59 年 11 月臺 1 版，據清同治十三年刊本。

22. 清·唐執玉、李衛等監修，田易等纂，《畿輔通志》，120 卷，《文淵閣四庫全書》史部 262～264，臺北：臺灣商務印書館，民國 73 年 7 月初版。

23. 清·高駿生等纂修，《貴溪縣志》，8 卷、首 1 卷，臺北：成文出版社，民國 78 年，據清康熙二十二年刊本影印。

24. 清·曹襲先纂修，《句容縣志》，10 卷、首 1 卷、末 1 卷，臺北：成文出版社，民國 63 年，據清乾隆十五年修清光緒二十六年重刊本影印。

25. 清·黃桂修、宋驤纂，《太平府志》，40 卷，臺北：成文出版社，民國 63 年 12 月臺 1 版，據清康熙十二年修光緒二十九年重刊本。

26. 清·嵇曾筠等監修；沈翼機等編纂，《浙江通志》，380 卷、卷首 3 卷，《文淵閣四庫全書》史部 277～284，臺北：臺灣商務印書館，民國 73 年 3 月初版。

27. 清·喬溎修、賀熙齡纂、游際盛增補，《（道光）浮梁縣志》，22 卷、首 1

卷,《中國地方志集成・江西府縣志輯》7,南京:江蘇古籍出版社,1996年5月第1版第1刷,據清道光三年刻,清道光十二年增補刻本影印。

28. 清・楊長杰等修,黃聯珏等纂,《貴溪縣志》,10卷、首1卷,臺北:成文出版社,民國78年,據清同治十年刊本影印。

29. 清・楊霽修、陳蘭彬等纂,《高州府志》,54卷、首1卷、末1卷,臺北:成文出版社,民國56年,據清光緒十五年刊本影印。

30. 清・劉於義等監修;沈青崖等編纂,《陝西通志》,100卷,《文淵閣四庫全書》史部309～314,臺北:臺灣商務印書館,民國73年10月初版。

31. 清・劉昆,《(康熙)束鹿縣志》,10卷,臺北:成文出版社,民國57年8月臺1版,據民國26年鉛印本。

32. 清・覺羅石麟等監修、儲大文等編纂,《山西通志》,230卷,《文淵閣四庫全書》史部300～308,臺北:臺灣商務印書館,民國73年10月初版。

33. 清・謝旻等監修;清・陶成等編纂,《江西通志》,162卷、卷首3卷,《文淵閣四庫全書》史部 271～276,臺北:臺灣商務印書館,民國73年7月初版。

34. 民國・王樹枏等纂修,《冀縣志》,20 卷,臺北:成文出版社,民國 57年臺1版,據民國18年鉛印本。

35. 民國・伊承熙等修;張震科等纂,《寧晉縣志》,11卷,臺北:成文出版社,民國58年臺1版,據民國18年石印本。

36. 民國・董天華等修,李茂林等纂,《盧龍縣志》,24卷,臺北:成文出版社,民國57年8月臺1版,據民國20年鉛印。

37. 民國・劉東藩修,王召棠編輯,《晉縣志料》,2卷,臺北:成文出版社,民國63年臺1版,據民國24年石印本。

38. 盧龍縣志編纂委員會編纂,彭勃主編,《盧龍縣志》,天津:天津人民出版社,1994年12月第1版第1刷,780頁。

二、論著

(一) 專書

1. 于志嘉,《明代軍戶世襲制度》,臺北:臺灣學生書局,民國76年4月初版,460頁。

2. 于德源,《北京漕運和倉場》,北京:同心出版社,2004年6月第1版第1刷,437頁。

3. 水利水電科學研究院《中國水利史稿》編寫組,《中國水利史稿》(下冊),北京:中國水利水電出版社,1989年1月第1版第1刷,519頁。

4. 王培華,《元明北京建都與糧食供應——略論元明人們的認識和實踐》,

　　北京：北京出版社出版集團、文津出版社，2005 年 3 月第 1 版第 1 刷，
　　329 頁。

5. 王毓銓，《明代的軍屯》，北京：中華書局，1965 年 6 月第 1 版第 1 刷，
　　345 頁。

6. 王學泰，《游民文化與中國社會》，北京：學苑出版社，1999 年 9 月第 1
　　版第 1 刷，670 頁。

7. 史念海，《黃土高原歷史地理研究》，河南：黃河水利出版社，2002 年 11
　　月第 1 版第 2 刷，944 頁。

8. 石超藝，《明以來海河南系水環境變遷研究》，上海：復旦大學歷史地理
　　研究中心博士學位論文，2005 年 4 月，頁 244。

9. 朱東潤，《張居正大傳》，天津：百花文藝出版社，2001 年 4 月第 1 版第
　　3 刷，483 頁。

10. 朱學西，《中國古代著名水利工程》，臺北：臺灣商務印書館，1995 年 9
　　月初版第 2 刷，158 頁。

11. 任美鍔主編，《中國自然地理綱要》，北京：商務印書館，1999 年 12 月第
　　3 版第 5 刷，448 頁。

12. 全漢昇，《明清經濟史研究》，臺北：聯經出版社，2002 年 12 月第 1 版
　　第三刷，110 頁。

13. 李心純，《黃河流域與綠色文明──明代山西河北的農業生態環境》，北
　　京：人民出版社，1999 年 4 月第 1 版第 1 刷，290 頁。

14. 李令福，《關中水利開發與環境》，北京：人民出版社，2004 年第 1 版第
　　1 刷，387 頁。

15. 李劍農，《中國古代經濟史稿》，武漢：武漢大學出版社，2006 年 10 月
　　第 1 版第 1 刷，843 頁。

16. 呂思勉，《呂思勉論學叢稿》，上海：上海古籍出版社，2006 年 12 月第 1
　　版第 1 刷，766 頁。

17. 余冠英，周振甫等主編，《唐宋八大家全集》，北京：國際文化出版公司，
　　1998 年 10 月第 2 版第 1 刷，5413 頁。

18. 何茲全，《讀史集》，上海：上海人民出版社，1982 年 4 月第 1 版第 1 刷，
　　365 頁。

19. 何朝暉，《明代縣政研究》，北京：北京大學出版社，2006 年 12 月第 1
　　版第 1 刷，316 頁。

20. 車越喬、陳橋驛，《紹興歷史地理》，上海：世紀出版集團、上海書店出
　　版社，2001 年 6 月第 1 版第 1 刷，201 頁。

21. 吳緝華，《明代海運及運河的研究》，臺北：中央研究院歷史語言研究所，
　　民國 86 年 6 月景印 1 版，354 頁。

22. 吳艷紅，《明代充軍研究》，北京：社會科學文獻出版社，2003 年 4 月第 1 版第 1 刷，378 頁。

23. 周振鶴主編；郭紅、靳潤成著，《中國行政區劃通史‧明代卷》，上海：復旦大學出版社，2007 年 8 月第 1 版第 1 刷，850 頁。

24. 姚漢源，《中國水利史綱要》，北京：水利電力出版社，1987 年 12 月第 1 版，609 頁。

25. 姚漢源，《中國水利發展史》，上海：上海人民出版社，2005 年 8 月第 1 版第 1 刷，606 頁。

26. 姚漢源，《京杭運河史》，北京：中國水利水電出版社，1998 年 12 月第 1 版第 1 刷，779 頁。

27. 韋慶遠，《張居正和明代中後期政局》，廣東：廣東高等教育出版社，1999 年 3 月第 1 版第 1 刷，969 頁。

28. 晁中辰，《明成祖傳》，北京：人民出版社，2003 年 3 月第 1 版第 3 刷，頁 531。

29. 高敏，《魏晉南北朝兵制研究》，河南：新華書店，1998 年 5 月第 1 版第 1 刷，361 頁。

30. 高壽仙，《明代農業經濟與農村社會》，合肥：黃山書社，2006 年第 1 版第 1 刷，322 頁。

31. 梁方仲編著，《中國歷代戶口、田地、田賦統計》，上海：上海人民出版社，1985 年 2 月第 1 版第 3 刷，593 頁。

32. 陳玉屏，《秦漢魏晉南北朝史論集》，四川：四川民族出版社，1995 年 8 月第 1 版第 1 刷，322 頁。

33. 陳玉屏，《魏晉南北朝兵戶制度研究》，四川：巴蜀書社出版，1988 年 11 月第 1 版第 1 刷，216 頁。

34. 張金奎，《明代衛所軍戶研究》，北京：綫裝書局，2007 年 5 月第 1 版第 1 刷，429 頁。

35. 張修桂，《中國歷史地貌與古地圖研究》，北京：社會科學文獻出版社，2006 年第 1 版第 1 刷，637 頁。

36. 張順周，《明代華北平原地區農業試探》，鄭州：鄭州大學碩士論文，2003 年 5 月，44 頁。

37. 張顯清、林金樹主編，《明代政治史》，廣西：廣西師範大學出版社，2003 年 12 月第 1 版第 1 刷，1128 頁。

38. 曹樹基，《中國移民史‧第五卷‧明時期》，福建：福建人民出版社，1997 年 7 月第 1 版第 1 刷，585 頁。

39. 彭勇，《明代班軍制度研究——以京操班軍為中心》，北京：中央民族大學出版社，2006 年 1 月第 1 版第 1 刷，474 頁。

40. 黃仁宇,《萬曆十五年》,北京:生活·讀書·新知三聯書店,2005 年 9 月北京第 1 版第 21 刷,288 頁。

41. 黃冕堂,《明史管見》,濟南:齊魯書社,1985 年 3 月第 1 版第 1 刷,494 頁。

42. 賈征,《潘季馴評傳》,南京:南京大學出版社,1996 年 2 月第 1 版,449 頁。

43. 劉昭民,《中國歷史上氣候之變遷》,臺北:臺灣商務印書館,1994 年 7 月修訂版第 2 刷,326 頁。

44. 熊達成、郭濤編著,《中國水利科學技術史概論》,成都:成都科技大學出版社,1989 年 5 月第 1 版第 1 刷,470 頁。

45. 冀朝鼎著,朱詩鰲譯,《中國歷史上的基本經濟區與水利事業的發展》,北京:中國社會科學出版社,1992 年 12 月第 1 版第 2 刷,160 頁。

46. 滕新才,《且寄道心與明月——明代人物風俗考論》,北京:中國社會科學出版社,2003 年 6 月第 1 版第 1 刷,338 頁。

47. 蔡泰彬,《明代漕河之整治與管理》,臺北:臺灣商務印書館,民國 81 年 1 月初版第 1 刷,560 頁。

48. 蔡泰彬,《晚明黃河水患與潘季馴之治河》,臺北:樂學書局,民國 87 年 1 月初版,477 頁。

49. 蔡嘉麟,《明代的山林生態——北邊防區護林伐木失衡的歷史考察》,臺北:中國文化大學史學研究所博士論文,民國 95 年 5 月,354 頁。

50. 樊樹志,《晚明史(1573～1644 年)》,上海:復旦大學出版社,2003 年 10 月第 1 版第 1 刷, 1221 頁。

51. 鄭克晟,《明代政爭探源》,天津:天津古籍出版社,1988 年 12 月第 1 版第 1 刷,404 頁。

52. 鄭肇經,《中國水利史》,臺北:臺灣商務印書館,民國 75 年 10 臺 4 版,356 頁。

53. 鄭學檬,《中國古代經濟重心南移和唐宋江南經濟研究》,長沙:岳麓書社,2003 年 10 月第 1 版第 1 刷,297 頁。

54. 錢克金,《明代京杭大運河研究》,2003 年湖南師範大學碩士論文,41 頁。

55. 錢穆,《國史大綱》,臺北:臺灣商務印書館,1999 年 12 月第 3 版第 3 刷,970 頁。

56. 鮑彥邦,《明代漕運研究》,廣州:暨南大學出版社,1996 年 5 月第 1 版第 1 刷,243 頁。

57. 賴建誠,《邊鎮糧餉:明代中後期的邊防經費與國家財政危機,1531～1602》,臺北:中央研究院、聯經出版社,2008 年 4 月初版,380 頁。

58. 盧嘉錫總主編；周魁一著，《中國科學技術史・水利卷》，北京：科學出版社，2002 年 12 月第 1 版第 1 刷，547 頁。

59. 蕭立軍，《明代中後期九邊兵制研究》，長春：吉林人民出版社，2001 年 12 月第 1 版第 1 刷，231 頁。

（二）論文

1. 王大建、劉德增，〈中國經濟重心南移原因再探討〉，《文史哲》，1999 年第 3 期，頁 48～55。

2. 王永厚，〈明代京畿地區治水營田的一次實踐──徐貞明及其《潞水客談》〉，《中國農史》，1993 年第 12 卷第 3 期，頁 71～74。

3. 王良鑌，〈明代江南重賦問題小議〉，《浙江教育學院學報》，2007 年 5 月第 3 期，頁 109～112。

4. 王培華，〈元明清江南官員學者的西北水利思想與實踐〉，《古今農業》，2000 年第 4 期，頁 13～22。

5. 王培華，〈元明清時期的「西北水利議」〉，《北京師範大學學報》（社會科學版），1996 年第 6 期，頁 13～20。

6. 王培華，〈明清華北西北旱地用水理論與實踐及其借鑑價值〉，《社會科學研究》，2002 年第 6 期，頁 133～136

7. 方弘仁，〈明代之尚寶司與尚寶監〉，《明史研究專刊》，第 3 期，民國 72 年 9 月出版，頁 101～136。

8. 尹鈞科，〈永定河與北京〉，收入陝西師範大學西北歷史環境與經濟社會發展研究中心編，《歷史環境與文明演進──2004 年歷史地理國際學術研討會論文集》，2005 年 12 月第 1 版第 1 刷），頁 531～537。

9. 史念海，〈司馬遷規劃的農牧地區分界線在黃土高原上的推移及其影響〉，收入史念海，《河山集・九集》，西安：陝西師範大學出版社，2006 年 12 月第 1 版第 1 刷，頁 101～171。

10. 史念海，〈黃土高原主要河流流量的變遷〉，《中國歷史地理論叢》，1992 年第 2 期，頁 1～36。

11. 石超藝，〈明以降滹沱河平原段河道變遷研究〉，《中國歷史地理論叢》，2005 年 7 月第 20 卷第 3 輯，頁 62～72。

12. 朱玲玲，〈明清時期滹沱河的變遷〉，《中國歷史地理論叢》，1989 年第 1 期，頁 103～116。

13. 吳晗，〈明代的軍兵〉，收入吳晗，《讀史箚記》，北京：生活・讀書・新知三聯書店，1979 年 6 月第 1 版第 4 刷，頁 177～124。

14. 吳琦，〈中國歷代漕運改革述論〉，《中國農史》，1996 年第 15 卷第 1 期，頁 48～55。

15. 吳智和,〈明代的縣令〉,《明史研究專刊》,第 7 期,民國 73 年 6 月出版,頁 1～50。

16. 李紅有,〈海河平原水環境的演變及思考〉,《北京水利》,2006 年第 10 期,頁 38～40。

17. 李紅有,〈歷史上永定河開發治理分析〉,《北京水利》,2005 年第 6 期,頁 56～57。

18. 李增高、李朝盈,〈明代徐貞明與京畿地區的水利及稻作史話〉,《北京農學院學報》,2000 年 10 月,第 15 卷第 4 期,頁 80～83。

19. 李曉娥、張景書,〈徐貞明西北興修水利和墾荒思想初探〉,《乾旱地區農業研究》1996 年 6 月第 14 卷第 2 期,頁 114～115。

20. 竺可楨,〈中國近五千年來氣候變遷的初步研究〉,收入唐曉峰、黃義軍編,《歷史地理學讀本》,北京:北京大學出版社,2006 年 1 月第 1 版第 1 刷,頁 7～40。

21. 邱仲麟,〈水窩子——北京的供水業者與民生用水 (1368～1937)〉,收入李孝悌編,《中國的城市生活》,臺北:聯經出版社,2005 年 10 月初版,頁 229～284。

22. 周春燕,〈明清華北平原城市的民生用水〉,收入王利華主編,《中國歷史上的環境與社會》,北京:生活・讀書・新知三聯書店,2007 年 12 月北京第 1 版第 1 刷,235～258。

23. 范金民,〈江南重賦原因的探討〉,《中國農史》,1995 年第 14 卷第 3 期,頁 46～53。

24. 南炳文,〈海河得名臆釋〉,收入南炳文,《明史新探》,北京:中華書局,2007 年 4 月第 1 版第 1 刷,頁 382～385。

25. 唐文基,〈明代江南重賦問題和國有官田的私有化〉,收入中國社會科學院歷史研究所明史研究室編,《明史研究論叢》第四輯,江蘇:江蘇古籍出版社,1991 年 5 月第 1 版第 1 刷),頁 79～153。

26. 陳文石,〈明代衛所的軍〉,《中央研究院歷史語言研究所集刊》,第 48 本,民國 66 年 6 月,頁 177～203。

27. 陳詩啟,〈明代的工匠制度〉,收入陳詩啟,《從明代官手工業到中國近代海關史研究》,廈門:廈門大學出版社,2004 年 9 月第 1 版第 1 刷,頁 49～83。

28. 張少庚,〈論明代官員開發西北的設想〉,《理論月刊》,2004 年第 4 期,頁 83～85。

29. 張民服,〈《潞水客談》與明代京津地區水田的開墾〉,《農史研究》,1985 年第 6 輯,頁 128～135。

30. 張全明,〈論中國古代傳統經濟重心在宋代的最終南移〉,收入張全明,

王玉德等著，《生態環境與區域文化史研究》，武漢：崇文書局，2005 年 6 月第 1 版第 1 刷），頁 293～327。

31. 張芳，〈明清時期海河流域的農田水利〉，《中國歷史地理論叢》，1995 年第 4 期，頁 175～190。

32. 張芳，〈明清畿輔地區水稻種植的發展及其制約因素〉，《中國經濟史研究》，1996 年第 1 期，頁 83～89。

33. 張金奎，〈軍戶與社會變動〉，收入萬明主編，《晚明社會變遷：問題與研究》，北京：商務印書館，2005 年 12 月第 1 版第 1 刷，頁 403～461。

34. 張偉兵、徐歡，〈試評賈讓三策在治黃史上的歷史地位〉，《人民黃河》，2003 年 3 月第 22 卷第 3 期，頁 43～44。

35. 張瑜，〈淺論中國古代經濟重心的南移〉，《皖西學院學報》，2004 年 6 月第 20 卷第 3 期，頁 47～48。

36. 曹國慶，〈試論明代的清軍制度〉，《史學集刊》，1994 年第 3 期，頁 9～16。

37. 許賢瑤，〈明代的勾軍〉，《明史研究專刊》，第 6 期，民國 72 年 6 月出版，頁 133～192。

38. 程民生，〈關於我國古代經濟重心南移的研究與思考〉，《殷都學刊》，2004 年第 1 期，頁 47～58。

39. 彭勇，〈班軍：從操練之師到職業工匠——明代北京防禦戰略轉變的一個側面〉，《北京社會科學》，2006 年 6 期，2006 年出版，頁 70～74。

40. 黃仁宇，〈明朝：一個內向和非競爭性的國家〉，收入黃仁宇，《中國大歷史》，北京：生活‧讀書‧新知三聯書店，2006 年 1 月第 1 版第 20 刷），頁 177～194。

41. 黃彰健，〈論皇明祖訓錄所記明初宮官制度〉，《中央研究院歷史語言研究所集刊》，第 32 本，民國 50 年 7 月，頁 77～98。

42. 萬文玲、許殿才，〈西北水利建設的思想與方略——徐貞明《潞水客談》在中國水利史上的地位及影響〉，《江西社會科學》，2006 年第 8 期，頁 236～241。

43. 楊亞非，〈明代蘇松嘉湖地區重賦之由〉，《江海學刊》，1983 年第 5 期，頁 65～69。

44. 楊昶，〈明代的生態環境思想及相關科技成就考論〉，收入張全明，土玉德等著，《生態環境與區域文化史研究》，武漢：崇文書局，2005 年 6 月第 1 版第 1 刷），頁 410～429。

45. 鄒逸麟，〈明清時期北部農牧過渡帶的推移和氣候寒暖變化〉，收入鄒逸麟，《椿廬史地論稿》，天津：天津古籍出版社，2005 年 5 月第 1 版第 1 刷，頁 303～319。

46. 解毓才,〈明代衛所制度興衰考〉,收入錢穆等《明代政治》,臺北:臺灣學生書局,民國 57 年 8 月初版,頁 213～247。

47. 劉金祥,〈明代衛所缺伍的原因探析──兼談明代軍隊的貪污腐敗〉,《北方論叢》,2003 年第 5 期,頁 71～74。

48. 劉洪升,〈明清濫伐森林對海河流域生態環境的影響〉,《河北學刊》,2005 年 9 月第 25 卷第 5 期,頁 134～138。

49. 蔣孝瑀,〈明代的貴族莊田〉,臺北:嘉新水泥公司文化基金會,研究論文第 177 種,民國 58 年 6 月初版,頁 1～95。

50. 鄭克晟,〈明代重賦出于政治原因說〉,《南開學報》,2001 年第 6 期,頁 64～72。

51. 滕崇德、張啟耀,〈山西植被的歷史變遷〉,《河東學刊》,1998 年 6 月第 16 卷第 2 期,頁 29～34。

52. 樊樹志,〈明代江南官田與重賦之面面觀〉,收入中國社會科學院歷史研究所明史研究室編,《明史研究論叢》第四輯,江蘇:江蘇古籍出版社,1991 年 5 月第 1 版第 1 刷,頁 100～120。

53. 錢穆,〈水利與水害(上篇,論北方黃河)〉,《禹貢半月刊》,第 4 卷第 1 期,頁 3～10。

54. 戴順居,〈明代的巡關御史〉,《明史研究專刊》,第 14 期,2003 年 8 月初版,頁 167～200。

55. 譚其驤,〈海河水系的形成與發展〉,收入譚其驤,《長水粹編》,河北:河北教育出版社,2002 年 1 月第 1 版第 2 刷,頁 518～574。

(三)日文資料

1. 星斌夫,《明代漕運の研究》,東京:學術振興社,1982 年出版,562 頁。

2. 田口宏二朗,〈明末畿輔地域における水利開發事業ついて──徐貞明と滹沱河河工〉,《研究ノート》,1997 年第 6 期,頁 66～67。。

3. 黨　武彥,〈明清期畿輔水利論の位相〉,《東洋文化研究所紀要》,第百二十五冊,頁 123～176。

(四)工具書

1. 中文大辭典編纂委員會,《中文大辭典》,臺北:華岡出版部,民國 62 年 10 月初版,17661 頁。

2. 史爲樂主編,《中國歷史地名大辭典》,北京:中國社會科學出版社,2005 年 3 月第 1 版第 1 刷,3262 頁。

3. 杜建民編,《中國歷代帝王世系年表》,濟南:齊魯書社出版,2003 年 4 月第 1 版第 4 刷,226 頁。

4. 沈起煒編,《中國歷史大事年表‧古代卷》,上海:上海辭書出版社,2001

年 1 月第 1 版第 1 刷，916 頁。

5. 潘榮勝主編，《明清進士錄》，北京：中華書局，2006 年 3 月第 1 版第 1 刷，1340 頁。

6. 戴均良等主編，《中國古今地名大詞典》，上海：世紀出版集團、上海辭書出版社，2005 年 7 月第 1 版第 1 刷，3395 頁。

7. 譚其驤主編，《中國歷史地圖集》第三冊（三國西晉時期），北京：中國地圖出版社，1996 年 6 月第 2 版第 3 刷，79 頁。

8. 譚其驤主編，《中國歷史地圖集》第七冊（元明時期）（北京：中國地圖出版社，1996 年 6 月第 1 版第 1 刷），144 頁。